雷锋肖像（1961年5月摄于抚顺照相馆）

向雷锋致敬

胡孟祥
辛宇晨 编著

山東文藝出版社

图书在版编目（CIP）数据

向雷锋致敬 / 胡孟祥，辛宇晨编著 .—济南：山东文艺出版社，2023.2

ISBN 978-7-5329-6828-2

Ⅰ . ①向… Ⅱ . ①胡… ②辛… Ⅲ . ①雷锋精神—学习参考资料 Ⅳ . ① D64

中国国家版本馆 CIP 数据核字（2023）第 022248 号

向雷锋致敬

XIANGLEIFENGZHIJING

胡孟祥　辛宇晨 编著

主管单位 山东出版传媒股份有限公司
出版发行 山东文艺出版社
社　　址 山东省济南市英雄山路 189 号
邮　　编 250002
网　　址 www.sdwypress.com

读者服务 0531-82098776（总编室）
0531-82098775（市场营销部）
电子邮箱 sdwy@sdpress.com.cn

印　　刷 济南龙玺印刷有限公司
开　　本 720 毫米 ×1020 毫米　1/16
印　　张 13.5
字　　数 140 千
版　　次 2023 年 2 月第 1 版
印　　次 2023 年 2 月第 1 次印刷
书　　号 ISBN978-7-5329-6828-2
定　　价 48.00 元

特约顾问

（以姓氏笔画为序）

于德宁　王文章　仇学平　田永清　冯　健　石　祥　乔安山
曲建文　孙桂琴　李文中　宋若波　余旭阳　冷　宽　陈雅娟
周喜俊　陶　克　姬德君　瞿弦和

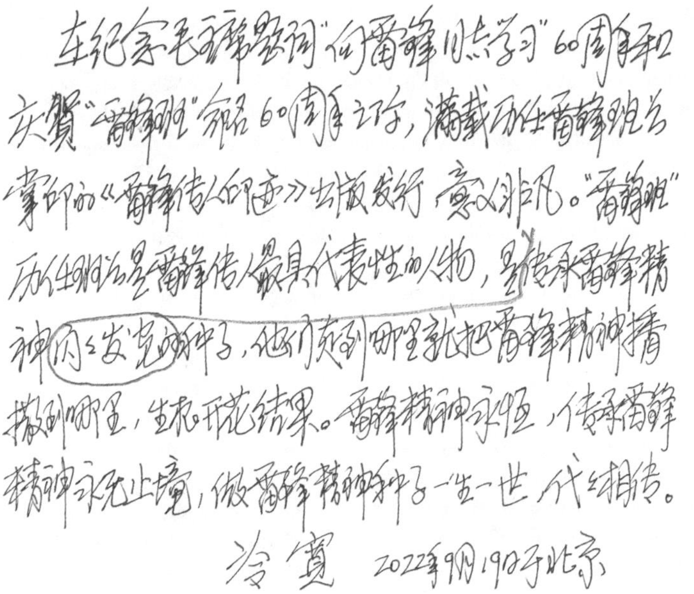

在纪念毛主席题词“向雷锋同志学习”60周年和庆贺“雷锋班”命名60周年之际，满载历任雷锋班长掌印的《雷锋传人印迹》出版发行，意义非凡。“雷锋班”历任班长是雷锋传人最具代表性的人物，是闪闪发光传承雷锋精神的种子，他们走到哪里就把雷锋精神播撒到哪里，生根开花结果。雷锋精神永恒，传承雷锋精神永无止境，做雷锋精神种子一生一世代代相传。

冷　宽

2022年9月19日于北京

（冷宽，雷锋所在团老领导，海军原副政委，中将军衔。冷将军在弘扬雷锋精神、雷锋班命名的过程中，发挥了积极的推动作用，其历史功绩显赫。老将军有句名言：要用雷锋精神做雷锋事业。）

注：本书原书名为《雷锋传人印迹》。

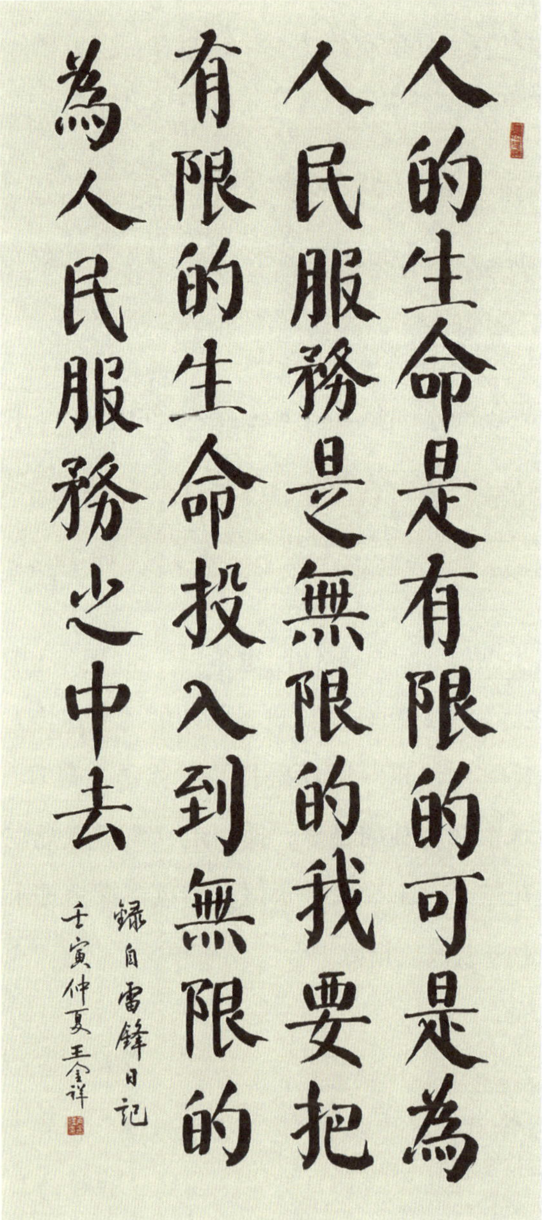

王金祥题书

（王金祥，沈阳军区政治部副主任，正军职，少将军衔）

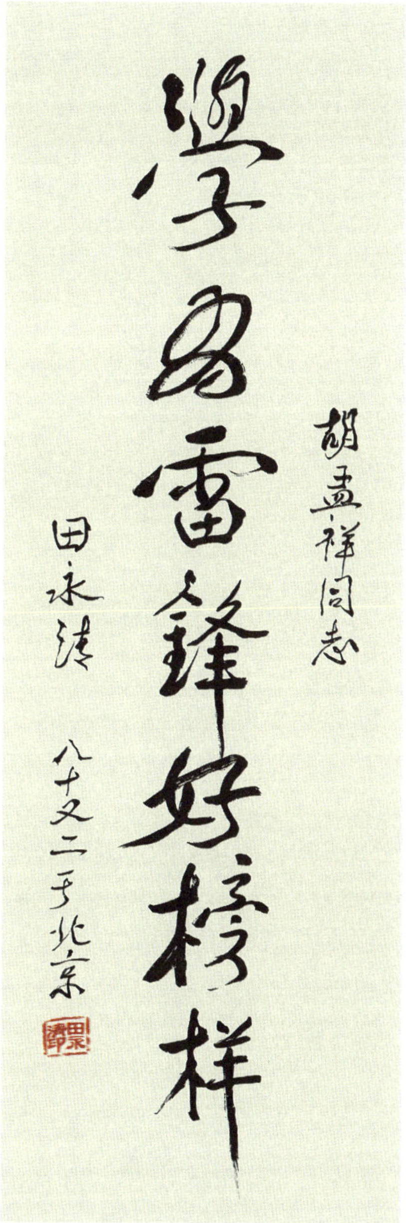

田永清题书

（田永清，总参兵种部原政委，少将军衔）

/目录/

第三章　雷锋传人题记

附　录

向雷锋致敬！

作者：胡孟祥　辛宇晨 / 朗诵：瞿弦和　张筠英

昨夜里
昨夜里
做了一个梦，
梦见了
我的长兄，
雷锋。
穿一身绿军装，
是那样潇洒，
那样年轻。
于是，
我举起了手臂，
我举起了手臂，
向雷锋致敬！
向雷锋致敬！
向雷锋致敬！
多少年了，

扫码听朗诵

我挽起你的手,
唱着你的歌——
《学习雷锋好榜样》;
多少年了,
我走着你的路,
靠着你的肩,
大踏步地前行!
跨过了高山,
跨过了峻岭。
跨过了草原,
跨过了长城。
从厂矿到田野,
从学校到军营。
祖国的
四面八方,
到处都留下
我们的足迹;
神州大地上,
到处都有
我们的身影。
看吧,
雷峰!
飞驰的列车上,

有你
高大的形象；
听吧，
雷锋！
远航的巨轮上，
有你
嘹亮的歌声。
田野里
有你的英姿；
厂矿里
有你的笑容。
军营里
有你的战旗；
学校里
有你的盛名。
雷锋啊雷锋，
你是火炬
在点燃；
雷锋啊雷锋，
你是种子
在丛生。
你的日记，
你的日记，

我来续写，
我来续写；
你的诗词，
你的诗词，
我来朗诵，
我来朗诵。
你的故事，
你的故事，
我来讲解，
我来讲解；
你的精神，
你的精神，
我来传承，
我来传承。
啊——
塞北的园林啊
江南的岸；
东海的帆船啊
青藏的风。
哪里没有
雷锋的歌？
哪里没有
雷锋的战功？

文明的史册上
有雷锋的画像；
党的谱系中
有雷锋的大名！
雷锋
中华民族的脊梁！
雷锋
伟大的时代的精英！
唔——
一排排的战士啊
一队队的兵，
共同呼唤着
呼唤着
同一个姓名：
雷锋！
雷锋！
雷锋！
共同呼唤着：
忠诚！
忠诚！
忠诚！
忠于人民，
忠于党；

忠于祖国，
忠于革命！
雷锋啊雷锋，
你是——
一座高山，
让我们仰止；
你是——
一座巅峰，
让我们攀登！
攀登！
攀登！
攀登！
唔——
一首《雷锋之歌》，
歌唱了六十载；
一首《雷锋之歌》，
朗诵了六十冬。
六十载啊
六十冬，
让我们沉思，
让我们动容。
十四亿
中国人民啊，

共筑定盘星！

人

应该

这样生！

路

应该

这样行！

人生

路漫漫啊，

向着——

雷锋，

向着——

雷锋，

向着——

雷锋……

第一章　雷锋传人文脉

雷 锋：做一个有益于人民的人

我是一个在旧社会受尽阶级压迫和民族压迫的孤儿。解放后，在党和毛主席的哺育下，成长为一个国防军战士、光荣的共产党员。这是我很难想象的。要是没有党，怎能有我的今天呢？

我从1958年起，一直坚持学习毛主席著作，这是与党对我的培养和我对党对毛主席的热爱分不开的。几年来，虽然环境一变再变，工作担子愈来愈重，可是我从来没间断过政治理论学习，哪怕干了一天活很疲倦了。晚上我宁愿少睡点觉，也要坚持学习毛主席著作，实在疲倦了，就走出去打一盆冷水洗洗头，脑子清醒了，坐下来又看……

三年多来，我利用星期日、节假日以及出车前、饭前饭后和业余休息等一切可以利用的时间，读完了《毛泽东选集》一、二、三、四卷，其中有些文章我读了很多遍。另外，还读了《论共产党员的修养》等六十多本政治理论书籍。

通过学习毛主席的著作，我的政治觉悟、思想水平得到了很大的提高。我懂得了毛主席说的一个人的能力有大小，但只要有这点精神——为共产主义奋斗到底的精神，就是一个高尚的人，一个纯粹的人，一个有道德的人，一个脱离了低级趣味的人，一个有益于人民的人。毛主席教导我们要学习白求恩毫不利己的共产主义精神，使我认识到：作为一个人民战士，首先必须改造自己的世界观，具有高尚的共产主义精神，坚定的无产阶级立场，鲜明的人道主义观点，全心全意为广大劳动人民服务。从此我就决心向白求恩同志学习，做个有益于人民的人。

我从小就生长在毛主席的故乡，经常听到老人讲毛主席在小时候就很关心穷人、为人民做好事的故事。又通过几年来的学习毛主席著作，更加深了对毛主席的热爱。我深刻地认识到：毛主席的伟大实践过程，也就是全心全意为人民服务的过程。这给我的启发很大，教育很深。因此，我给自己规定：凡是对人民有利的事，就坚决拥护，积极去做，宁肯牺牲个人的一切。凡是对人民不利的事，坚决不做，并进行斗争。用它当作一个标尺，经常来衡量自己，检查自己，鞭策自己，这样也就促使我时时刻刻想为人民做点好事。有时我走路也想，吃饭也想，睡觉也想，看到一个问题或一件新事也想。不让一切不利于革命事业的个人利益、个人虚荣等肮脏的、低级趣味的东西来玷污自己。

几年来，我在工作上和日常生活中按照党和毛生席的教导，不管什么工作，只要革命需要，对人民有利的就要做好。1958 年，我在鞍钢当工人，利用新年放假期间到农村帮社员劳动，发现一家困难户。我立刻就想起毛主席说的："我们的同志不论到什么地方，都要和群众的关系搞好，要关心群众，帮助他们解决困难。"我立刻掏出了五元钱，还脱下了自己的一套衣服送给了那家贫困户。

1959 年，我在辽阳工作时，有一天晚上，突然下着大雨，工厂运到的 7200 多袋水泥找不到东西盖，我立即从床上抱着自己的被子、褥子跑到工地盖上了水泥。我的被子褥子虽然湿透了，但是国家的财产免遭重大损失，这就是我最大的幸福。

去年入伍后，我看到抚顺望花区新成立一个人民公社。我真从心眼里感到高兴，心想：毛主席领导全国人民搭了银桥又搭金桥。我是人民的战士，应该做点什么呢？想起了自己几年来积存下来的200元钱，送给公社以表自己的心意。可是公社不肯收，经过我再三恳求，才留下了一半。不久，辽阳地区遭受了水灾，我在报上看到毛主席派来飞机给灾区人民运送粮食和衣物的消息，心里就想：毛主席给灾区人民送粮又送衣，我能给灾区人民干点什么呢？想到自己还有100元钱，就寄给了辽阳市委。

为了响应党中央“以粮为纲，大办农业”的伟大号召，我利用今年春节的五天放假期间捡了300斤粪肥，送给了人民公社。我虽然少看两场电影，少玩一会儿，也感到高兴。特别是当我看到社员们都穿着新衣服，敲锣打鼓扭秧歌，家家户户放鞭炮时，我也同样感到快乐。

我看到公社里的一个医院，就想起了毛主席的“处处关心群众”的教导，我把过春节领到的一斤苹果送给了医院，慰问了有病的群众。有个老太太拿着我给的苹果，泪汪汪地说：“谢谢你，我不会忘记你呀。”我激动地说：“您老人家不要感谢我，这是党和毛主席叫我这样做的，您老要感谢就感谢党吧！”

几年来，每当我为人民做了一点好事的时候，也就是我最幸福最快乐的时候，反之，做不到这点，我觉得心中有愧，对不起党和毛主席。我时时刻刻都这样想：党给我的恩情太深了，我为党做的工作太少了。我每一点微小的进步，都是党培养教育的成果。我还年幼无知，我诚恳地请首长和战友们多指教多帮助我，使我在革命的大家庭里不断成长，不断进步。我有决心向大家学习，坚决听党和毛主席的话，学习毛主席的著作，照毛主席的指示办事，永远忠于党忠于人民，做一个有益于人民的人。

冷 宽：我与雷锋班的情缘

——纪念雷锋班命名60周年

60年前的今天，雷锋生前所在班——工程兵第十团运输连四班被国防部命名为“雷锋班”。

60年来，雷锋班全体战士以高度的政治责任感，一茬接一茬地在传承雷锋精神，当好雷锋精神种子。他们像雷锋那样立足本职，建功立业，做贡献；走向社会，助人为乐，做奉献，成为全国、全军学习的一面旗帜。在传承雷锋精神过程中，他们奉献他人，提升自己。

在二十七任班长中，绝大多数提升为军官，涌现了一批营团职干部。最高职级的第十一任班长宋若波同志走上正师职领导岗位，被授予大校军衔。我因为工作关系，和大多数班长都有过接触，其中有几次和雷锋班的战友们一起学习、工作、生活过，从他们身上学到很多彰显雷锋精神的好思想、好品德，使我终生难忘。

今天纪念雷锋班命名60周年，向雷锋班和曾经在雷锋班工作过的战友们表示深深的敬意和对已逝者表示深切的怀念。

参与雷锋班命名前的准备工作

1962年8月15日，雷锋因公殉职后，雷锋先进事迹在沈阳军区和雷锋团所在省市很快传播开来，掀起了学习雷锋的热潮。各级首长对雷锋精神传承高度重视，团首长萌发了把雷锋生前所在班命名为雷锋班的想法。团政治委员韩万金亲自抓命名前的准备工作，带领我到运输连去蹲点，搞调查研究，听取党支部意见，对拟进入雷锋班的所有战士逐个地进行了解考察，谁当班长，谁当副班长，都认真进行了讨论研究。还对雷锋生前学习和工作中使用过的物品进行了全面清理，把最能体现雷锋好思想、好作风、好品德的十件物品作为雷锋留下的传家宝永远保存下来。

按照团首长的指示，我还为四班九名战士代笔起草了申请授雷锋班的申请书。经过各级党委逐级上报，在1963年1月7日，中华人民共和国国防部正式命名雷锋生前所在班为“雷锋班”。这是全国全军第一个用雷锋的名字命名的学雷锋集体，成为学习雷锋的一面旗帜。时任四班班长的张兴吉和副班长周述明都是1959年入伍的老战士。张兴吉曾经是雷锋的班长，后来雷锋提升班长后，把他调到三班当班长，雷锋因公殉职后，又把他从三班调回到四班继续当班长。当张兴吉和周述明两位同志在沈阳军区八一剧场举行的命名大会上，从沈阳军区司令员陈锡联上将手中接过那面雷锋班的旗帜时，全班战士心潮澎湃，热血沸腾，在主席台上列队致敬，表示学习雷锋的坚定信念和决心，决不辜负党和人民的期望。

张兴吉同志作为雷锋班第一任班长，以身作则，带领雷锋班弘扬雷锋精神，当雷锋精神传人，做出了积极贡献。他先后参加了共青团第九次全国代表大会和全国人民代表大会，参加国庆观礼，受到毛主席等党和国家领导人的亲切接见。如今，张兴吉同志和第十任班长杨宗波同志已先后病逝，永远离开了我们，我们对他们表示深切的怀念。

帮助雷锋班整理群众来信

60年代是英雄辈出的年代，也是全国向英雄学习的年代。雷锋班命名后，在全国各地引起了强烈反响，很多群众特别是广大青少年和解放军战士纷纷给雷锋班写信祝贺，表达他们向雷锋学习的决心和美好愿望。

因为雷锋班执行运输任务非常繁重，组织上就指派我帮助雷锋班整理群众来信。开始每天有十封到二十封信左右，随着时间的推移，特别是毛主席题词“向雷锋同志学习”后，来信更加多起来了，每天超过一百封。我每天都要把这些信件整理起来存档，凡是有明确来信地址的，都以雷锋班的名义手写回信。遇到用盲文和少数民族文字写的信件还要请地方有关部门翻译成汉文。

根据团首长的指示，每周都选择2—3封最有代表性的信件，在周日班务会上诵读，用群众学习雷锋的政治热情激发战士弘扬雷锋精神的政治责任感，化为学雷锋的巨大动力。每次由班里一名战士诵读，然后大家谈感想，说体会，表决心。

记得当时诵读信里有寄红领巾的，有寄向日葵籽儿的，也有寄鸡毛信的。当读到盲人和残疾人写的信件时，战士们尤为感动，有的甚至流下眼泪，一致表示决不辜负人民群众和战友的信任和期望，要一代一代地把雷锋精神传承下去。群众这些信件成为雷锋班宝贵的精神财富。我对雷锋班战士这种热爱人民、视人民为父母的崇高思想和品德，看在眼里，记在心上，时时激励着我，鼓舞着我。

和雷锋班一起为雷锋移墓

雷锋牺牲后被安葬在抚顺市葛布街革命公墓。到1964年清明节时，抚顺市政府做出决定，要把雷锋墓从革命公墓移到雷锋生前所在驻地的望花区雷锋公园内。当时我和雷锋班六名战士一起为雷锋移墓，为雷锋抬灵。当时天气逐渐转暖，我们每个人的肩上都渗透出了从棺木流出的血水。我们分列在棺椁两面，扶棺护灵。从葛布街到雷锋公园仅十几公里，但却走了将近两个小时。因为自动为雷锋送行的人很多，灵车只能与行人同步缓缓前行。

雷锋生前很长时间驻在抚顺市，很多助人为乐的事情都发生在那里，抚顺人民群众对雷锋有着深厚的情感。那天自动送行的群众排成几行，跟随在雷锋灵车后面，年轻人佩戴着黑纱或白花，老年人头戴着白帽。我在车上回首望去，送行的人群一眼望不到边，每个人脸上都带着凝重的悲痛和哀思。

当时我非常感动，心里想什么人才能得到人民这样的爱戴？只有心中装着人民的人。雷锋一生热爱人民，助人为乐，把自己的青春和全部力量都献给了人民，所以他在人民心中是个人民英雄，是个榜样，是个做人的标杆，人们对他无限爱戴。在望花公园里面摆满了用鲜花制作的花圈，摆不下了，就顺着公园的南大门向道路两边摆放。在公园里举行了各界群众参加的祭奠仪式。雷锋墓穴很简朴，在棺木下葬后，顶部盖上了厚厚的预制钢筋水泥板，上面又铺了多层油毡纸，喷了油漆，然后现场每个人依序为雷锋墓填土致哀。我和雷锋班的战士每人都用铁锹铲一锹土轻轻地填在雷锋墓上，内心充满无限的悲痛和怀念，为老战友送最后的一程。雷锋墓经过几次修缮，形成了现在的规模。望花公园也改为雷锋公园。在雷锋墓后面修了中国第一个国家级雷锋纪念馆。这里已经成为全国人民进行爱国主义教育、雷锋精神教育的基地。

我多次到雷锋墓进行祭拜，给他扫墓。我眼含热泪，心里默默地说着“雷锋老战友，我们来看你了”。环绕雷锋墓，眼前浮现的始终是雷锋定格在22岁那张微笑的脸。如今，雷锋已经成为全国学习的榜样，是时代的楷模，是中国道德的一座丰碑。雷锋这个名字已响彻祖国大地，传出国门，受到世人的高度赞誉。雷锋永远活在我们的心里。

始终参与雷锋班大比武

1964年在中央军委大练兵的号召下，以推广郭兴福教学法为依托，全军开展了轰轰烈烈的大练兵、大比武活动。雷锋班作为训练尖子参加了这场大比武。为了加强领导，专门组织了一个班子。团党委决定由时任政治处主任的陈志军做领队，运输连连长李向高做教练员，军区工程兵首长还专门派有号称“汽车驾驶大王”的大尉助理员崔占榜做教练，专门教授驾驶技术，保驾护航。

我作为团政治处宣传干事，专门负责教学方案的撰写和随机修改，每到一处都要以雷锋班的名义出黑板报，离开时又要以雷锋班名义向有关单位写感谢信。雷锋班参加大比武总共四次，从三月份开始到八月中旬结束。

先是沈阳军区工程兵四个训练尖子单位比武，雷锋班胜出之后作为沈阳军区工程兵后勤系统的尖子代表，参加了沈阳军区后勤部在大连金州组织的大比武，后来代表军区工程兵参加了沈阳军区在吉林通化举行的全军区大比武。科目表演非常成功，受到大家的称赞。

当时 38 军的军长、政委、副军长、副政委四位将军专门宴请雷锋班，向他们表示祝贺。八月份，代表沈阳军区工程兵到北京官厅水库，参加军委工程兵的大比武活动。在那次大比武中，雷锋班获得了一等奖，并受到了叶剑英元帅等军委和总部首长的亲切接见，并合影留念。首长称赞他们说：“好，你们不愧是雷锋班。”此外，雷锋班还在大连金州训练场接受了向代表罗瑞卿总长的总参张宗逊副总长的汇报表演任务，也受到了好评。雷锋班参加大比武活动时间之长，训练之艰辛，成绩之优异，令我十分感动。

我亲眼所见，他们把弘扬和传承雷锋精神倾注在大比武的全过程，不仅训练出了过硬的驾驶技术，更重要的是锤炼了他们坚强的革命意志，艰苦奋斗、克难攻坚的大无畏精神和团结一心、群策群力的集体主义精神。

他们坚持训练从实战需要出发，在道路极其困难的条件下，充分发挥主观能动性，依靠集体智慧，想方设法排困解难，保证车辆正常驾驶，圆满完成运输任务。他们用高超的驾驶技术，高标准，严要求，把原来训练的多个科目保留了三个在战时容易遇到的难度较大的训练科目，即高速通过狭窄路、泥泞路自救和通过轨道交错桥，刻苦训练，稳步提高，终于取得了非常优异的成绩。

他们团结一心，吃大苦，耐大劳。在五个多月的时间里，先后训练转场 5 次，几乎是天天训练，从未休息，每天都是一身泥，一身汗，从不叫苦叫累，始终保持高昂的战斗意志、饱满的政治热情和战胜困难奋发向上的乐观主义精神。

雷锋班在完成北京大比武后，8 月 14 日晚连夜乘 11 次特快列车赶回沈阳，参加第二天沈阳军区举办的雷锋牺牲两周年纪念大会。

这次带领雷锋班大比武的是第二任班长庞春学和副班长于泉洋。他们都是与雷锋同期从辽阳入伍的亲密战友，带领全班包括雷锋亲密战友乔安山在内的 4 名战士，在大比武的全程中，学雷锋，做传人，功绩卓著。

庞春学同志由于表现突出被提干，在部队服役 22 年，在多个工作岗位上担任领导职务，先后两次荣立三等功。转业后也在多个领导岗位上任职，担任雷锋战友报告团团长，曾被辽宁省关心下一代工作委员会授予辽宁省雷锋奖章，并被评为“五老标兵”“全国关心下一代先进个人”，被中华爱国工程联合会、全国关心下一代杂志社授予金星奖章。

副班长于泉洋同志，后任雷锋班第三任班长，在部队提干，曾任雷锋团副团长，被多所学校聘为校外辅导员、客座教授、名誉校长，在全国做学雷锋报告 600 多场，曾参加全国英模国庆观礼代表团，受到了毛主席等党和国家领导人的亲切接见，并合影留念。转业地方后担任领导职务，一直致力于学雷锋事业。

和雷锋班一起当宣传队

在那特殊的年月，各级党委首长为了更好地加强雷锋班建设，让他们在社会的大环境中经风雨，见世面，决定派他们作为毛泽东思想宣传队进驻地方工厂，先后近三年时间，我始终和他们在一起。

时任工程兵政治部副主任的佘景珩给我交代了三项任务：第一，要帮助雷锋班掌握好政策；第二，要做好雷锋班的思想政治工作；第三，对雷锋班的事迹进行记录，及时向领导机关汇报。

在宣传队活动中，雷锋班在工人群众中受到了很大的教育和锻炼。他们怀着向工人阶级学习的态度，以实际行动传播雷锋精神，分三班在车间跟班劳动，逐户进行家访，个别谈心，耐心细致地宣传党的政策，做群众的思想工作，赢得了广大群众的信任、支持和爱戴，和群众建立了深厚的友情，终于实现了全厂大联合。

带领全班完成这项任务的是雷锋班第四任班长曲建文和副班长杨东顺，他们密切配合，以身作则，带出了一支过硬的班，受到了领导机关的好评。曲建文在部队提干后，在多个领导岗位上任职，曾任团的副政委。在抗美援老的施工任务中，荣立了集体二等功和三等功各一次。转业回地方后任领导职务，以实际行动传承雷锋精神，发起枣庄市雷锋精神研究会，先后做雷锋精神报告一千余场，创办了多所雷锋学校和雷锋幼儿园，使枣庄市成为全国雷锋学校最多的城市。副班长杨东顺，是后来的雷锋班第五任班长，出色完成了各项任务，表现突出，雷锋班被沈阳军区评为学习毛主席著作先进集体。1968 年 5 月，他代表雷锋班出席了全军先进代表大会，受到了毛主席、周总理等中央领导人的亲切接见，并受到了聂荣臻元帅的单独接见。转业到地方后，退伍不褪色，始终保持雷锋精神本色，多次被评为先进。

光阴似箭，日月如梭。转眼间已过去了60年。

雷锋班60年的传承，60年的辉煌，我们为之欣喜，为之骄傲。回顾过去，敬意多多，展望未来，信心满满。

我相信，雷锋班新一代的战友们，一定会在习近平总书记关于学习雷锋重要讲话精神的指引下，在新时代新征程上创造新的辉煌。

张兴吉：我的兄弟叫雷锋

对于别人来说，雷锋可能是一张照片、一本书，或者一个好人。但对于张兴吉来说，雷锋是一个聪明的战士，一个热心的战友，一个曾经自己手底下最得意的兵。

雷锋：一位朝夕相处的战友

52 年前，刚结束新兵训练的雷锋被分配到了张兴吉所担任班长的沈阳军区工兵某团运输连二排四班。

雷锋到班里的头一个晚上，张兴吉主持召开了班务会，让战友们相互认识，同时排站岗的时间表。那天，雷锋站了最后一班岗，还给老兵们打水洗脸。

身材不高，却很结实，一张娃娃脸上总带着微笑的雷锋迅速得到了全班人的喜爱。在张兴吉看来，这不仅仅因为他长得可爱，更重要的是，他是一个热心肠的青年。

“他常帮其他同志洗被褥、洗衣服。”张兴吉说，“我们的脏衣服从来不敢丢在床上，否则转眼就不见了，一准是雷锋拿去洗了。”

有一次，战士韩玉臣的棉裤破了。韩玉臣把坏掉的棉裤往床上一扔，说了声“大不了不穿了”，就去睡觉了。可是第二天，他醒来时发现棉裤已经补好了。

“棉裤是雷锋补的。”张兴吉说，“他从自己的棉帽里拆了一块布料下来，给韩玉臣的棉裤补了上去。”

还有一次全班上山割草，早晨带饭中午吃。那时吃饭是定量的，每人一顿3两，一天9两。战士王延堂胃口大，早晨就把午饭吃掉了，雷锋就把自己的午饭给了他。张兴吉还为这事批评过王延堂：“你这个人莫名其妙，让别人给你饭！”

在张兴吉看来，雷锋不仅心肠热，而且很勤奋。“你看他走在路上，那个嘴总是不停地在动，我后来才知道他是在背毛主席著作里的句子。”

乔安山，是和雷锋从鞍钢一起一路走来的战友。但张兴吉说，与聪明好学的雷锋不同，乔安山恰恰是班上“最笨”的人。他不识字，甚至不会写自己的名字。别人经常会笑话乔安山，雷锋却很喜欢帮助他，还常给他布置一些文化课的作业。

“雷锋是我们全班人的好兄弟。”张兴吉说。

雷锋：一段永远伤痛的回忆

1962年8月15日，悲剧发生的那一刻，张兴吉正在宿舍里，从窗口刚好能看见雷锋出事的位置。

他回忆说，乔安山开的车一个轮子陷在了水坑里，宿舍里的人听到动静后都趴在窗口看。只见乔安山把车停在了一个拐弯处，那是个直角的死弯，前后左右回旋的余地很小，左后轮距离一棵杨树很近，杨树上拴着一根铁丝，连着一排1.5米高、小碗口粗的柞木杆子，这是战士们平时用来晾衣服、晒被子的。

当时，雷锋正站在车下，冲乔安山打着手势，示意他给油。

“呼”的一下，乔安山把车开动了。轮子把离杨树最近的那根柞木杆子从根部挤断，柞木杆子和杨树之间的铁丝同时被挣断，折断的杆子在另一侧铁丝的拉动下向汽车左侧的前方弹出，正好砸在了雷锋的头上。

“雷锋不是很快地倒下的，他是慢慢、慢慢地向后倒下的。”张兴吉反复跟记者说着这句话。看到这一幕，他和屋里的其他人飞也似的跑了出去。等赶到雷锋身边时，雷锋已经不能说话，满嘴里都是血。“血灌在他的喉咙里，呼呼啦啦直响。”

连里的人把雷锋送去了医院。不久，噩耗传来：雷锋永远停止了心跳。听到这个消息，战友们全都哭了。

夜里，张兴吉睡不着觉，他望着雷锋的空床铺发呆。“一看到那张床，脑子里总是轰的一下。”

公祭雷锋同志大会在雷锋殉职后的第三天举行。

这场葬礼让张兴吉感到震惊。由于雷锋生前常常照顾老人，帮老百姓清理粪坑、干农活，捐过款，还是几所学校的校外辅导员，很多人得知消息后都过来了，“来了数万人，他们都自动戴着白花为雷锋送行”。

第一次，张兴吉如此直观而深刻地感受到雷锋的感召力。

1963 年 1 月，国防部命名雷锋生前所在班为“雷锋班”，张兴吉代表全班接过了写着“雷锋班”三个金灿灿大字的锦旗。这一年，张兴吉还作为全班代表，在北京接受了毛主席的接见。

这曾经是雷锋最向往的事情。

雷锋：一个从未忘记的名字

1972 年，张兴吉复员回到地方，在四川南充一家土产果品公司当司机。

他回家后的第一件事情，就是把雷锋的照片挂在屋里。回到地方的张兴吉一直默默无闻，除了家人，没有人知道他和雷锋的关系。

1989 年，沈阳军区费尽周折找到这位雷锋曾经的班长，让他参加全国的学雷锋座谈会。这场座谈会对张兴吉的震动很大：会上，有人说，雷锋正在被遗忘。

张兴吉无法接受这样一个好战士会被人遗忘。当时已接近 50 岁的他决定，把宣传自己的战友、兄弟——雷锋的精神作为一项事业。

从此，他开始去很多地方讲课，他开始接受越来越多的记者采访。然而他很快发现，越来越年迈的他在讲述雷锋的故事时遇到越来越多的挑战。

总有人问：雷锋做好事是不是在作秀？为什么不是有表扬信，就是写在日记里？

张兴吉说，其实，直到现在都不知道雷锋到底做了多少好事，很多事情雷锋自己都是不肯说的。就以雷锋送一对母子回家的事情来说，雷锋从没告诉过别人，后来因为回来得晚，有人反映到了连部里，连指导员找雷锋谈话，雷锋才吐露实情。

尽管如此，张兴吉仍然愿意四处奔走去参加宣传雷锋的活动。他说：“我们是雷锋事迹的见证人，雷锋是全心全意为人民服务的典范，不能让这样的人被遗忘。”

曲建文：撒遍“雷锋种子”的山东人

1942年，我出生于济南市平阴县一个普通的农村家庭。1963年11月入伍，中共党员，历任雷锋班第四任班长、雷锋连指导员、00421团政治处主任、团副政委等职，先后2次立功，8次受奖，曾受到毛泽东、周恩来、朱德等老一辈革命家的亲切接见。1983年转业到枣庄市建设工程公司工作，曾任公司副经理、党委代书记等职务。自从进入雷锋班，我这一生就与雷锋精神永远联系在了一起。几十年来，我踏着老班长的足迹，争做雷锋精神的“种子”，走遍山东大部分地区，先后做宣扬雷锋精神报告会千余场次，听众达120万人次，被中共山东省委命名为“青少年良师益友”，并获得山东省优秀政治工作者和枣庄“活雷锋”等荣誉称号。2011年12月18日，当选为中国社会福利基金会学雷锋基金管委会、中华志愿者协会弘扬雷锋精神促进会副会长。

当好雷锋精神的“种子”，感恩党的培养

1963年底，我到达雷锋生前所在部队，紧接着完成了3个月的新兵训练。在雷锋精神的教育下，以政治、军事、生活转变三项优异的成绩，初步完成由一个农村青年到一位解放军战士的转变。之后，我被分配到雷锋连，并在连队训练排学了半年的汽车驾驶技术。在雷锋

同志苦练驾驶技术成为全连技术标兵榜样力量的鼓舞下，我以优异成绩光荣结业，被选进雷锋班，成为光荣的雷锋班新战士。

1964 年初，为了提高全军军事技术，增强部队战斗力，中央军委号召全军开展大比武。雷锋班奉命参加了全军汽车大比武。要有过硬的本领，就要进行艰苦的训练。我和战友们以老班长雷锋为榜样，冬练三九，夏练三伏，不怕苦，不怕累，练汽车过轨道桥、高速爬坡、战时紧急排除故障等科目。

这年，雷锋班在北京参加了全军汽车大比武，荣获汽车驾驶技术一等奖。我虽然是新兵，贡献不大，但受到了非常大的鼓舞和教育。

1966 年，我担任雷锋班的副班长，1967 年担任雷锋班第四任班长。1966 年在部队驻地附近的李家街村支农，白天我们全班带头去劳动，晚上深入各家各户去宣传“抓革命、促生产”的重要意义，环境艰苦，劳动强度大，全班同志在夏晓栋干事的带领下，个个表现突出。

1967 年，按中央军委的要求，我们班奉命到沈阳纺织厂去支持左派群众。沈阳纺织厂是一座有近两千名工人的历史老厂。在复杂的环境下，雷锋班宣传毛主席指示，团结广大群众抓革命、促生产，促进了大联合，后期选举成立了三结合领导班子，稳住了一个大厂的生产的大好形势。1968 年 10 月 1 日，我作为沈阳军区国庆观礼代表团代表去了北京，接受了毛主席等老一辈革命家的亲切接见。

雷锋是全国人民的楷模，雷锋班是全军的一面旗帜，雷锋连是沈阳军区的标兵连队。从 1969 年到 1975 年，我一直担任雷锋连的政治指导员。指导员虽然官不大，但责任重大。雷锋班的第五任到第十任班长都是我在当指导员期间培养的。培养雷锋精神的“种子”，先后有数百名退伍战士走向祖国各地，还有相当一部分共产党员，都起到了“种子”标兵的作用。

1978年，党的十一届三中全会召开，全国开始了改革开放。经中央军委批准，在内蒙古通辽市霍林河成立基本建设工程兵第四十四支队。那里需要技术人员，更需要部队的骨干。沈阳军区决定抽调三名团级干部支持，其中有我一个。当时，我是雷锋团营教导员，调我去任团政治处主任。

这支新组建的团队有四千余名干部战士，有地方改编的工人，也有部队战士，是一个高度机械化的战斗集体，主要任务是建设现代化露天煤矿。人员情况复杂，工程任务要求很高，环境相当艰苦。在这种情况下开展工作，难度可想而知。

去霍林河一年后，我晋升为该团副政治委员，分管组织干部工作。组织的信任和重用，使我深感雷锋团出来的干部责任重大。

1982年，军队改革在全军展开，中央军委决定要缩编军队，100万基建工兵、铁道兵被砍掉。基建工程兵第四十四支队因此被撤销，我从内蒙古来到基建工程兵第四十三支队驻薛城某团，任副政委。当年年底转业，第二年年初来枣庄市人事局报到工作，结束了20年的军旅生涯。

保持“种子”的纯洁性，是弘扬雷锋精神的根本保证

学习雷锋，是人生一辈子的事，不在于事大事小，官大官小，钱多钱少，关键是要把握住真心实意。正所谓“平凡中也出伟大”，我立

志要弘扬雷锋精神，干好学雷锋的事业，时刻保持内心的纯洁性。

我转业到枣庄后，第一站是枣庄市建筑工程公司，这家公司是省属中一型企业，有两千多名职工。我任党委副书记，分管思想政治工作。我通过上党课让党员学雷锋、讲奉献，抵制一切向钱看的思潮。每年3月5日，我组织共青团员上街搞便民服务。那时还倡导星期六义务劳动，我经常带领机关工作人员到工地参加义务劳动。

有一天，天已经很晚了，在一个工地上，工人们下了班，唯有老工人王师傅还在干着。交谈中得知，王师傅患了癌症，并已到晚期。他是一名共产党员，他想在有生之年多干点，多做点贡献。我听了之后非常感动，这不就是企业的雷锋吗？第二天，我就请宣传部门采访他，在《枣庄日报》上刊登了他的先进事迹。当年的7月1日，王师傅作为枣庄市优秀共产党员受到表彰。

通过雷锋精神进企业、进职工心灵，企业面貌有了很大改变，企业改革得以顺利进行。年终，我所任职的枣庄市建筑公司被山东省评为先进企业。

20世纪90年代初，沈阳军区政治部派人到全国各地跟踪采访雷锋班班长们。当时，《枣庄日报》头版头条发表了文章，标题是《雷锋班长在枣庄》。从此，我就成了枣庄市的公众人物。

为了适应城市发展的需要，枣庄市决定修一条市中区通往薛城区的一级公路。工程工期要求很急，质量要求很高，几十公里的一级公路由市公路局和我任职的市政工程管理处各负责一半。我作为市政工程管理处的一把手，无可推脱地当了工程总指挥，和工人们一起没黑没白地奋战在工地上。新闻媒体对此给予了报道和鼓励。说实话，由于工期紧，要求严，自身力量有限，在施工力量上使用了一些地方民工，遇到了送礼行贿的情况，有的到我家去，送现金的、送存折的都有，我都做了拒收处理。

工程接近完工，市委组织部去考察我的能力和表现，准备提拔重用我，有人却无中生有地揭发我的所谓“问题”。市检察院派人进行调查，结果我是清白的。通过这件事，我深深地体会到：用老班长雷锋的精神去对待一切，永远一身轻松，一心清静！

发挥好“种子”的职能，让雷锋精神植入人们的心灵

2000年，我已58岁。因为年龄关系，我不再担任领导职务，改为调研员。退下来之后，没有了工作负担，我全身心地投入到学雷锋中去。我和共青团枣庄市委的领导一起商量在枣庄发起“百万青少年同雷锋一起进入新世纪”活动。经过认真准备，2000年3月4日，在新建成的光明广场召开了由市委书记为首的市五大班子领导参加的万人大会。市委主要领导做了动员讲话，雷锋生前战友乔安山同志应邀来枣庄，慷慨激昂地做了大会发言，我作为雷锋班老班长向全市发出了学雷锋的倡议书。

此后，我带着自费制作的《雷锋精神永恒》流动展板，《同雷锋一起走进新世纪》学习资料之一、之二，再加上我做的《永远的雷锋》报告，开始了长达半年的巡讲活动。先后在枣庄的矿务局和教育系统，然后在济南以山东师范大学为中心（因我是山师大的政治工作顾问），几乎走过了驻济南市的大部分高校，后又从济南到了潍坊。在原济南

军区炮八师，我走遍了他们的机关和所有的团队。在炮八师宣讲时，首长让我先从一个团试讲。当师机关问询我报告会效果怎样时，那个团的团政委高兴地说："我听过那么多有关雷锋的报告，从来没听过像曲建文老班长这样精彩的高水平的报告。"随后，我开始在全师巡讲，然后进入青岛。在黄岛半个月，各单位都抓得很紧。有一个工作人员列出时间表交给我，每天两场报告，星期六、星期天不休息。有一次我去青岛的一处中学，在大操场集中了三千多人。校领导很有礼貌，全部出动接见了我，一把手亲自主持报告会，我上台开场白刚说完，音响出故障了，急得各位领导都站了起来，工作人员忙了一头大汗……怎么办？我说好办，我嗓门大，下去讲。我走下讲台，来到了学生中间，慷慨激昂地讲了一个半小时，孩子们不断给予热烈掌声。

在青岛一个月，每天都是紧紧张张。当时有我的战友孙久良帮我摆放展板，吃住在宾馆，吃什么喝什么随便，采取记账式，由教育局最后结账。越是随便，我们俩就越不随便，每顿饭都是二菜一汤，土豆丝是从那时起我才吃厌烦的。到了后几天，我的血压一直升高，吃药不管用，我怕倒在青岛给他们添麻烦，咬紧牙坚持到最后。回到枣庄立马去医院查病，结果是脑血栓，有生以来第一次知道了这个病症，住在医院几十天。

践行不忘初心的"种子"本质，点亮雷锋精神的光芒

枣庄市学雷锋活动有着广泛的群众基础。学雷锋的先进单位有解放军驻枣庄 72865 部队，先进企业有滕州市东谷面粉有限公司、华电

国际电力股份有限公司十里泉发电厂等单位。全市来讲，有峄城区委、区政府坚持常年学雷锋、树标兵。为发挥组织的力量，经申请，市民政局于2003年5月9日正式批准成立枣庄市雷锋精神研究工作委员会。从此，我们迅速发展会员和会员单位，开展各项活动。雷锋精神进校园活动得到了市教育局的指导、支持，收获很大。在团市委的支持下，全市各行业开展了评比“枣庄活雷锋”活动，从150名候选人中评出十大“枣庄活雷锋”，并进行了隆重的表彰，效果很好，影响很大。

为了社会学雷锋活动更加广泛深入，2016年3月4日，经上级有关部门批准，我们在枣庄职业学院召开了第二个万人大会，隆重成立了枣庄市学雷锋志愿者联合会。中国社会福利基金会学雷锋基金管委会、中华志愿者协会弘扬雷锋精神促进会派来了代表田永清将军，他在万人大会上做了慷慨激昂的演讲。枣庄市学雷锋志愿者联合会的成立，推动了枣庄市学雷锋活动向着更加广泛、更加深入、更加常态的方向发展。

枣庄的学雷锋活动也有过困惑。根据有关文件规定，市里有关部门的领导不再担任研究会的会长了，今后的学雷锋活动怎么办？在相当长的一段时间里，我们自发地、默默地干着弘扬雷锋精神的事业。

近几年，枣庄市关心下一代委员会高兴地接纳了我们，并给予了关注和领导。从此，我们更加系统、更加规范地开展枣庄市创建雷锋学校活动和雷锋学校创建雷锋班级活动，以及“层层树标兵、争当新时期小雷锋”活动，领导干部开展争当雷锋传人活动……全市学雷锋活动有了组织的支持，北京又产生了全国“两会”——中国福利基金学雷锋基金管委会和中华志愿者协会弘扬雷锋精神促进会，我们的工作在“两会”的支持领导下，又有了新的发展。

充分发挥“雷锋种子”的功能，让粒粒“种子”生根、开花、结果

在枣庄，我经常遇到我不熟悉的县科级干部主动握着我的手，激动地说：“曲老，我是听着你的学雷锋报告、学着雷锋事迹成长起来的。”每当此时，我会非常高兴地答谢，说：“谢谢！咱们一块学雷锋、做雷锋。”

青少年是学雷锋的主体，是祖国的未来。雷锋精神的传承，知雷锋、爱雷锋、学雷锋、做雷锋，他们是重点。按照市里的要求，每个区（市）都要创建一所以上的雷锋学校。我们现在有雷锋幼儿园 1 所、雷锋小学 3 所、雷锋中学 2 所、全国雷锋精神教育基地大学 1 所。但我们还要继续努力，力争在枣庄市让雷锋之歌天天唱响、雷锋故事人人会讲、雷锋精神时刻传扬、雷锋式的青少年茁壮成长。

为了让“雷锋”在枣庄安家落户、永不离开，枣庄市现有全国学雷锋示范基地 4 处，并都有雷锋事迹展室（馆），每所以雷锋名字命名的市级幼儿园、小学、中学都有雷锋生平事迹展室和雷锋的塑像。

枣庄市成立雷锋精神研究会 19 年来，与全国学雷锋典型人物、收藏雷锋文化的专家们、青年志愿者朋友们都建立了广泛的联系。雷锋的事业把我们联系得越来越紧密。他们在当地的一个市、一个地区、一个县，都是弘扬雷锋精神的种子和骨干，也是我们相互学习、相互支持的兄弟、朋友。多年来，我们来往联系密切。他们分别是：浙江

金华雷锋文化馆的馆长曹荣安、上海雷锋馆的创始人王树源、济宁市红色收藏家张茂路、青岛黄海学院党委书记宋庆泽、陕西省宝鸡市省级时代楷模任立新、江西省九江市雷锋主题文化馆的沈家宝，还有刘胡兰家乡的贾峰跃等，我们是战友，是为弘扬雷锋精神共同努力奋斗的战友！

枣庄市学雷锋有今天的好局面，我不会忘记雷锋生前的领导、战友们，他们多次来枣庄宣传雷锋，有的来过多次。他们是冷宽将军、田永清将军、高学敏将军、张兴吉、乔安山、庞春学、虞仁昌、张峻、陈广生、戴明章、陈雅娟、张平、高玉宝、孙桂琴、孙茂芳、周保章、姚得奇、夏晓栋等首长和同志们。我永远感谢他们、学习他们，不忘记他们为枣庄市的发展所做出的贡献！

毛主席曾经说过，我们共产党人好比种子，人民好比土地。我们到了一个地方，就要同那里的人民结合起来，在人民中间生根开花。新时代，习近平总书记要求我们当雷锋精神的种子，把它撒向祖国大地，在各地生根、开花、结果。我虽然已过了古稀之年，但我要发扬小车不倒只管推的精神，一辈子学习雷锋，一辈子当好雷锋精神的一粒“种子”。

曾树林：感悟人生的雷锋传承者

四十多年来，雷锋老班长一直伴随着我的人生。我深感学雷锋不是一句口号、一种活动，而是一份责任、一种践行、一种奉献；雷锋班班长这个厚重的字眼，不是一种荣誉、一个光环，而是一种担当、一种追求、一种承载。学雷锋就是“学做人之理，悟做人之道”。一个人只有学到了、悟懂了，懂得“怎样做人，为谁活着”这个做人的根本，才能走得更远，受益一生。特别是当过雷锋班第八任班长的我，不是把“雷锋班班长”作为挂在嘴上的口号，而是一种实实在在的责任与担当、一种发自内心的人生感悟与事业追求，把职业当成事业做，这就是学雷锋。每一个人在学习、工作、生活中都会有或多或少的记忆，这种记忆可以带给我更多更深刻的感悟。因为感悟才觉得人生更值得去回味自己的付出，这种付出留下的将是一种信仰的力量。

童年时经历过艰苦生活的磨炼，我深知“怎样做人、为谁活着”

1951 年 2 月，我出生在一个工人家庭，经历了新中国历史上最困难的时期，培养了我不怕吃苦的精神。那时，我家的生活条件不是太好，但接受了最朴实的家庭教育，从小就要立志做好人。在幼年时，我接受过传统教育，老人以“吾本家寒，以俭为本，以德为重，俭德共之”来培育我的道德情操，规范我的行为习惯。在读小学时，我接受过革命红色教育，一本极有生命力的书——《钢铁是怎样炼成的》就深深地吸引着我，保尔精神拨动着我的心弦、震撼着我的人生。在读中学时，我接受过雷锋精神教育，当我读完《雷锋的故事》这本书后，被雷锋事迹深深地感动着，雷锋在平凡中成就了不平凡，雷锋精神在生活中彰显生命价值，从此雷锋深深地映入我的脑海，雷锋精神激荡着我的心灵。正因为我有一个艰辛的童年，深知人有很长的路要走，最重要的就是走好那么几步，一定要老老实实做人、踏踏实实做事。

年轻时经历过知青生活的洗礼，我深知做好助农增收工作的责任

1969年1月，我下乡到红军翻越的第一座雪山——四川省宝兴县的夹金山下当知青，在与老乡相处的日子里，其感人之处就在于他们保持着一种淳朴的品质，给人以心灵的洗礼。特别在我最困难的时候，乡亲们帮我打柴、背水、做饭，使我感受了老乡的真诚，至今很是留恋。在农村经受了艰苦的劳动锻炼，生活虽然充满着苦涩，但毕竟是我走向成熟的起点。我与当地农民打成一片，种玉米、修梯田、搞副业、伐木材，在生产队办起了第一张墙报宣传好人好事，成为老乡们学习园地；在生产队安装了广播，让老乡们第一次听到广播，成为党的政策宣传窗口。我也因此先后被东风公社和宝兴县评为知青先进分子。正因为有那一段知青生活的经历，我在农村看到了农民的真实生

活，转业后我把粮食工作与农业增产、农民增收工作有机结合，增强了服务“三农”的责任感和使命感。

成长时经历过雷锋精神的熏陶，我深知人生需要一种精神

1970 年 12 月，我入伍到沈阳工程兵 1315 部队，不论是当战士，还是后来当班长、副指导员、干事，我都以雷锋为榜样，干一行爱一行，七次立功受奖，被选为四届全国人大代表，多次受到党和国家领导人及军委首长的亲切接见。

正因为有那一段部队生活的经历，雷锋精神在我心中唤起一种热诚，犹如一股铁流从心底涌起：我忘不了 1972 年 8 月 1 日的夜晚，为了追求理想，我在老挝丛林的茅屋中举起右手向党宣誓，“永远跟党走”，伴随着抗美援老时震耳的空袭声，为了前方部队，我背着炸药在泥泞的小道上行进；我忘不了黑龙江皑皑的白雪，为了镜泊湖国防施工，我三天三夜奋战在工地；我忘不了大连蔚蓝的大海，为了鲇鱼湾油港建设，我攻坚克难完成任务；我忘不了鸭绿江奔腾的流水，为了朝鲜族儿童的生命，我献出了 400 毫升鲜血……当干事时，我办起了机关第一个图书馆，在赤峰国防施工中办起第一张《学雷锋简报》，受到了部队首长和战士们的好评，《学雷锋简报》现被军事博物馆收藏。

在部队那几年，我们这批年轻士兵成为生命的“较量者”，经历了战与火的考验，经历了艰苦磨炼，但我从不后悔。

毛主席的教诲至今在我心中升腾：“要保持过去革命战争时期的那么一股劲，那么一股革命热情，那么一种拼命精神，把革命工作做

到底。”

雷锋精神的启迪至今在我心灵激荡：“如果你是一颗最小的螺丝钉，你是否永远坚守着你生活的岗位上？”

成年时经历过市场经济的变革，我深知追求是人生的动力

1984年2月，我转业到四川省粮食局工作，经历了解放思想的大讨论、改革开放的大变革、市场经济的大转变。正因为有这一段历史变革的经历，我以“求知”与“求解”作为思索的方向、探求知识的途径。在农村调研时，我看到了一个真实的农村，发展水平差异之大超出我的预想。我提出了“我省有一半以上农民的经济收入是靠售粮的省情”“粮食问题就是农民问题”的观点，调研成果受到了省领导的高度重视；在基层调研时，我提出了“购销企业要变产后收购为产前、产中、产后全过程为农民服务”，倡导全省各基层粮站开展“满意在粮站，服务求效益”活动，提议在全省粮食行业开展“为农民着想，为基层服务”的活动；在种植结构调研中，倡导实施“川粮优化工程”，为“农民增收、企业增效”做出了应有贡献，受到省人事厅和省粮食局的联合表彰；结合工作实际，我多次参加了省委、省政府的课题研究。在购销处工作期间，我基本承担了撰写四川省粮食局学习教育活动全部材料的职责。在地方工作期间，我结合工作实际，与四川电视台合作，《新闻联播》多次播发四川粮食工作；四川电视台《阳光政务》节目，只要有单位上线，我基本上成为主讲之一；在分管《粮食问题研究》时，我承担了卷首语的起草工作；平时还积极主动向媒体投稿，先后

在新华社、《四川日报》、《粮油市场报》、《粮食问题研究》等省级以上新闻媒体发表论文和文章130余篇。曾被省直机关工委评为优秀共产党员、优秀党务工作者、优秀公务员，被国家粮食局评为抗震救灾先进个人。

退休时经历新时代的洗礼，我深知做百舸争流的奋楫者是人生之华章

退休之后，我被四川省粮食行业协会聘为秘书长，换届后又被四川省粮食行业协会油脂分会聘为秘书长。特别是近两年，在“米弱谷强”“粉弱麦强”“油弱籽强”的情况下，企业“压力山大”，利润“薄如刀片”，我写出了《关于推进四川油菜籽产业发展的建议》，呈报农业农村部调研组并受到赞肯，不少建议被国办发〔2017〕78号文件采纳。特别在宣传四川油菜产业发展方面，我做了大量的工作，提出了“大米看东北，面粉看河南，菜油看四川”的观点，被全国各大新闻媒体作为标题引用，引发了全国油脂行业的强烈反响，打响了四川浓香菜油名片，推动了四川油菜产业发展，并对川办发〔2018〕30号文件中“做强做大油菜产业”的形成及“天府菜油产业联盟”组建起到了助推作用，被四川省社会科学联合会评为先进个人。

退休之后，我加入了“五老”志愿者行列，努力做学雷锋活动的宣传者、播种者、践行者，在政治上关爱青少年，传播雷锋精神，利用寒暑假开展政治思想和道德教育活动，为孩子们宣传法律知识、宣讲雷锋精神、讲述革命传统，用自己的亲身经历引领孩子们向上、向善、

向美，争做有理想、有道德、有文化、有纪律的好少年。每次讲课前，我都精心准备，亲手写出讲课提纲，上课时根据参加听课孩子的实际情况，及时调整讲课内容，用优良传统教育青少年、用雷锋精神熏陶青少年，增强爱党、爱国、爱社会主义的意识，树立正确的社会主义人生观、价值观。在生活上关心青少年，天冷了捐衣物，让孩子们感受到党对青少年的关爱，增强他们爱党、爱国的政治自觉，固牢听党话、跟党走的思想根基，每年被成都市锦江区评为优秀“五老”志愿者。同时还积极参加社会活动，与成都雷锋车队一道开展志愿者活动，到学校、企业、机关宣讲雷锋事迹，多次受到成都志愿者网的表彰。

回首悠悠无憾事。在人生的征途上，我虽然没有像时代英雄那样奋勇，但必尽为之而努力。几十年来，我有三大特点：一是有求知欲望。我们这一代人，也就是人们常说的“老三届”，曾过早地告别校园，经受上山下乡的磨炼，又涉足于市场经济之中，深知自身知识的贫乏。我渴望知识、渴望补充、渴望更新、渴望新的生活。我爱好不多，但喜欢读书，从中提升能力。我不善表达，但喜欢思索，从中感悟思想。特别在市场经济的今天，只能在生活中求索，在实践中求解，在学习中求知，才能提高自身素质和能力。二是有敬业精神。转业后，我在省粮食局多个处室工作过，不论在哪个处室，我都发扬雷锋的螺丝钉精神，干一行、爱一行、钻一行、精一行，坚持岗位学雷锋，由外行变内行，成为粮食行业的“一支笔”，退休后仍被协会聘用。三是为人正直。我于 1991 年 3 月就担任了处级干部，先后任行政处副处长、办公室副主任、工程指挥部办公室主任、仓储处副处长、购销处调研员、产业发展处处长、办公室主任，特别在分管粮库建设、产业化项目建设、军粮供应等工作中，我不贪不占、不伸手不谋私，做人讲规矩，办事讲程序。在工作的实践中，我深知通过自己的努力，带动农民增收、企业增效，往往比帮助个体的作用更大，所以基层都称我为“曾大哥”。

在毛主席等老一辈无产阶级革命家“向雷锋同志学习”题词六十周年之际，收到胡孟祥先生的微信函，又使我想到雷锋，就如一股暖流从心底涌起，仿佛在“我需要雷锋”的心声中，听到了“我要做雷锋”的春潮。

宋清梅："编外雷锋团"的带头人

"人活着就要用生命去解释自己的信仰"，这是英国诗人马·普顿尔的一句著名诗句。雷锋就是这样一个用生命解释信仰的人。在雷锋生命的感召下，有一位战友把雷锋的题字奉为战友的最后嘱托，用一生的忠诚将雷锋的生命延伸，坚守着一位铁血战士不变的信仰。

他叫宋清梅，河南邓州人，今年 76 岁，编外雷锋团团长。20 世纪 60 年代，宋清梅与雷锋同在一个团当兵，营房相距不过十多米，但平时接触并不多。他们结缘在出席沈阳军区首届共青团代表大会，那是 1962 年 2 月 19 日，雷锋当时 22 岁，宋清梅小雷锋一岁。

沈阳军区首届团代会可以说是沈阳军区青年军人精英的一次集结。出席会议的有军区先进人物杨德志、刘成德、廖初江、周恒卿、崔娴维、任宝林、刘思乐、文淑珍、董滋仲、齐正莲等代表、特邀代表和青年干部共 550 多人。

宋清梅是全团共青团员选出的代表，雷锋是特邀代表，两人作为同团战友结伴参会，自然会有更多的交集。

雷锋被选为大会主席团成员并在大会发言。据资料记载，会议原来没有安排雷锋发言。会议进行期间，军区杜平副政委向司令员陈锡联建议，大家知道雷锋到会，都想听他做报告。陈司令员说："那就让他再作个忆苦思甜报告吧。"于是，在六个典型人物的发言完后，杜平副政委宣布："根据代表团的要求，现在，请雷锋同志讲话！"台下掌声雷动。雷锋没想到自己在这样的大会上还有发言的资格，侧头看了看杜副政委，杜副政委对他举起了记录本，本子上写着：忆苦思甜。雷锋走到主席台旁边的话筒前，啪的一个军礼，响亮地开言："敬爱的各位首长，亲爱的代表同志们，我要讲的题目是《我是怎样从一个苦孩子成长为毛主席的好战士的》。"

雷锋的苦难身世和他对党和人民炽热的爱，强烈撞击着宋清梅的心。团代会结束后，宋清梅请雷锋签名留言，雷锋端端正正地在宋清梅的笔记本上写下：亲爱的宋清梅同志，送你几句话：一个革命者活着就应该把自己的毕生精力和整个生命为人类解放事业——共产主义全部献出。

在那个崇拜英雄的年代，人们遇到英模总是习惯求个签名，留作纪念。雷锋写给宋清梅的签名，由于几个月后的变故，获得全新的意义。

那次会议后，宋清梅与雷锋又一次相逢是在半年后的 1962 年 8 月 9 日。雷锋到新兵连做报告，宋清梅在新兵连当班长。会前两人相见，犹如久别重逢的亲兄弟。雷锋关心地询问宋清梅工作情况，是否与参加团代会那些先进个人有联系。宋清梅憨憨地表示，因为深感与他们差距太大，会后不好意思联系。自己已写了入党申请书，以先进模范为榜样，争取早日成为一个党员。

两位战友的交谈尽管短暂，但对宋清梅来说刻骨铭心。因为六天后噩耗传来，雷锋牺牲了。几天前还与他谈笑风生的战友突然就走了，震惊凝固了时间，也把雷锋最后的话语，连同他的签名题字永远刻写在宋清梅的胸口。

不久，全国学雷锋活动红红火火开展起来，雷锋给宋清梅的签名，不仅成为一位伟大士兵对精神世界的最后坦露，也成为留给战友宋清梅，乃至所有愿意与雷锋同行人的最后嘱托。

心理学有一种现象叫心理暗示，积极的心理暗示会使我们发现生活中的动人之处，给予人们勇往前行的力量。雷锋与宋清梅的题字，是一种强烈的心理暗示，成为宋清梅不断提升自己的力量，以至于影响了他整个人生的运行轨迹。雷锋的气息、雷锋的话语成为他挥之不去的情感牵绊。

1962 年宋清梅入党，1963 年立了功，1974 年任雷锋团副团长，当时他只有 33 岁。那时，全团学雷锋搞得扎扎实实，还建了一个雷锋纪念馆。

1985 年裁军时，宋清梅已经是雷锋团团长，他服从组织安排回到家乡。

转业命令下来了，他惦念纪念战友雷锋的展馆有几处破损的地方没有修完，于是留了下来。他把买来准备运回家的木材和胶合板拉来，和木工班的同志忙了一个星期，修理好所有破损的地方。完工后，木工班的同志们都走了，他还不肯走，又用了两天时间把馆内外的卫生仔细地打扫了一遍。当他觉得了无牵挂可以离开时，竟然站在雷锋像前痛哭失声。

在介绍邓州编外雷锋团事迹的文稿中，有一个时间段被许多作者有意无意地忽略了，即 1985 年以宋清梅为首的邓州籍官兵退伍返乡，到 1990 年邓州编外雷锋团前身学雷锋指导委员会成立。

这 5 年间正是中国社会发生剧烈变化的时期，学雷锋活动也遇到前所未有的挑战与考验。每个人都是历史的产物，个体的命运总是与大时代相连。这样就不难理解，宋清梅作为很有名气的雷锋团正团职干部，转业到地方被安排到一个科级副职位置；也就不难理解编外雷锋团的历史是从 1990 年起，而此前面对利益的纠葛与诱惑，宋清梅只能是以个体的力量表达淡定与疏远；也就不难理解当全国学雷锋活动再起热潮，时任邓州市委书记崔振亭与市长刘新年发出“咱们邓州有几个转业回来的同志是雷锋的战友，究竟有多少个，表现怎么样？抓紧了解一下，在全民学雷锋活动中要发挥作用”这样一声呼唤，宋清梅猛虎下山式的蓄势勃发，在中原大地打起“编外雷锋团”的大旗。

历史总是波浪式前进、螺旋式上升的，学雷锋活动的历史也是呈现如此的态势。在这个过程中，总有人会因为改变些什么，在历史的刻度尺上留下一段鲜明的标注。这里无须赘述宋清梅回乡后，面对利益纠结表现出的淡定，那是许多媒体记者都讲述过的故事。我们的观察聚焦在面对大我与小我的取舍时，宋清梅体现出雷锋榜样内化于心的价值尺度是囿于慎独内省的自我党性修炼，到了 1990 年，随着邓州学雷锋指导委员会和学雷锋指导小组的成立，学雷锋已经不是宋清梅一个人的坚守，而是一个兵团的作战、一座城市的远征。

1997 年 4 月，编外雷锋团正式注册，一种全新的学雷锋活动整体兵团作战新模式诞生。由过去单兵作战走向各单位整合优质资源联合行动，由过去松散的、自由组合的活动走向按照预备役的建制、自上而下、统一部署、统一步调的高效行动。宋清梅们创新的编外雷锋团这种群众性学雷锋组织形式，有其独有的组织文化优势——以雷锋团转业官兵为主体，雷锋团军营文化具有天然的亲缘性；地方党政军的强化领导、热忱关怀和精心指导。这些凭借独有优势创造的神奇，给全国群众性学雷锋活动提供一种“邓州方案”。编外雷锋团的组织形式可能在别的地区无法复制，但是它的精髓与灵魂是可以复制宣扬的——忠诚，忠诚，还是忠诚。忠诚于党，忠诚于人民，忠诚于雷锋事业。

豫西南民间有一句诗句，“邓州有个塔，离天一丈八”是形容建于北宋中早期的福胜寺的塔的巍峨，也暗喻大邓国的显赫地位。这句很流行的俗语，几乎与邓州花洲书院中范仲淹的“先天下之忧而忧，后天下之乐而乐”一样流传于世，潜移默化地影响着邓州人的心理，以至于编外雷锋团命运也在这里得到应验。

2014 年，全国召开“两会”期间，传来习主席与雷锋连指导员谢正谊交谈赞誉编外雷锋团消息，宋清梅激动不已，他和几十个年过七旬的雷锋战友联名给习主席写信，表示不负总书记厚望，一辈子传承雷锋精神。很快，5 月中旬，中央办公厅调研室受习近平总书记委托写来回信，让五月的邓州荡漾起只有节庆才有的沸腾。

2015 年，邓州编外雷锋团被中宣部授予“时代楷模”称号。

2016 年，宋清梅作为优秀党务工作者，出席庆祝中国共产党成立 95 周年大会，受到习近平总书记的接见。

一位士兵对一位战友的嘱托，一位领袖对一个国家文明的关切，一位总书记对一个英雄群体的关怀，忠诚有着多重的质量，有着多大的能量，每一个中国人都掂量得出来。

不要让信仰代替生活，要让生活体现信仰。这近乎蕴含深奥哲理的警世箴言，通过编外雷锋团一组数字展现得淋漓尽致。编外雷锋团队伍由最初 560 名雷锋战友，发展到现在 13000 余人，催生了雷锋银行、雷锋小学、电力营“三八雷锋班”、巾帼雷锋营、雷锋卫生排等10多个崭新的学雷锋先进群体和10多个学雷锋标兵。做弘扬雷锋精神的种子，传播雷锋文化，足迹遍及14个省，48个县、市区，报告1800多场次，听众达150万人次，筹集资金20万元，为5户贫困户修建房屋7间。

数字是有生命的，有温度的，富有色彩的，这些元素融合浇筑构成了一座雄伟的建筑——邓州编外雷锋团展览馆。

宋若波：心中永存雷锋志

雷锋这个名字，在神州大地家喻户晓，近60年来，影响激励着一代又一代人。然而，这个名字与我却是有着另外一份情结。因为，他伴随着我走过近40年军旅生涯，无论是一名普通战士，还是走上正师职领导岗位，我始终把学习传承发扬雷锋精神作为自己的责任。因为，我曾是雷锋班的战士，也是雷锋班第十一任班长，我始终以此为荣。

我对雷锋精神的最初认识，起源于我入伍来到雷锋同志生前所在团。那是1977年1月的一天早上，吉林省集安县火车站的天空中还飘着鹅毛大雪。刚满十七岁的我和一群傻不愣登、摸不清南北的新兵，跳下了闷罐车。队伍集合完毕，一位个头儿高大的首长站在站台上，慷慨激昂地向我们发表讲话："新兵同志们，你们知不知道，你们入伍的部队，就是伟大的共产主义战士雷锋生前所在团。我代表全团指战员，热烈欢迎你们加入这个光荣的团队！"我和所有新兵一样，按捺不住欣喜与激动，那颗年轻的心狂跳不止。在新兵连，我们拿到的第一套书是《雷锋的故事》《雷锋日记》，学会的第一首歌是《学习雷锋好榜样》，我们参观雷锋纪念馆，听老领导讲雷锋的事迹、讲雷锋班的故事，在雷锋塑像前进行庄严宣誓："我们要像雷锋那样生活，像雷锋那样对待苦与乐，像雷锋那样奉献青春！"誓言掷地有声，庄严而神圣。我们实实在在感受到，在这个火热的团队里的每一丝空气都弥漫着雷锋的气息。呼吸着这种气息，让人时时都充满追求与向上的力量。从那时起，雷锋这个名字就走进了我的心中。

我对雷锋精神的身体力行，归结于我发自内心强烈的责任意识。还是在雷锋班服役时，一次我们在黑龙江绥化地区执行紧急战备任务，零下 40 摄氏度的环境中，我们冒着风雪，顶着严寒，加班加点为全团官兵运送给养，圆满完成紧急战备任务。是雷锋精神让我成为“红旗车驾驶员”“学雷锋标兵”，并荣立三等功。在全军大比武的训练时，我们以扎实的基础、娴熟的技术、坚韧的意志取得了丰硕的成果。是雷锋精神让我掌握了汽车一、二级保养技术，学会了 20 多种汽车急救方法和夜间常见故障排除技巧。在担任雷锋连指导员时，我们连队积极开展了学雷锋争当“小能人”活动，涌现出了“小教员”“小厨师”等 10 多种连队“小能人”。是雷锋精神让我带出了一支优秀的雷锋连队。随着职务提升，雷锋精神一路伴我前行，在重庆通信学院工作学习时，在我的倡导下，全院掀起“信雷锋、爱雷锋、学雷锋、做雷锋”的热潮。是雷锋精神让我与时俱进，走在新时代学雷锋的行列中。在重庆市组织“雷锋精神永放光芒”大型图片展活动时，“好人雷锋，英雄雷锋”的声音在社会各界人士中传唱。是雷锋精神让我贴近生活，贴近群众，保持了共产党员的纯粹性。

在中华民族漫长的历史长河中，向来英雄辈出。新时代学雷锋到底学什么，怎么学，怎么做？新时代的“活雷锋”郭明义说：“立足本职，把本职工作做好，就是学雷锋。”这句话说得实在，也非常有道理。事实上，现实生活当中，一份文明习惯的养成，一份职业操守的坚持，一份社会责任的担当，一份理想信念的坚定，都是对雷锋精神最好的学习和弘扬。在学习传播雷锋精神的过程中，也使我对如何学雷锋有了更加深刻的理解和认识。我把它归纳成四个方面，那就是：第一，要坚定信念学雷锋。雷锋精神最核心的内涵是坚决听党话、跟党走。这种坚定的理想信念，成为雷锋取之不尽、用之不竭的力量源泉。习近平总书记多次强调，理想信念是共产党人精神上的“钙”，没有理想信念，或者理想信念不坚定，精神上就会“缺钙”，会得“软骨病”。今天，在改革发展的攻坚时期，面对转型期道德迷茫，面对各种思想文化交流、交融、交锋，用雷锋精神滋养心灵、培塑信仰显得尤为重要。向雷锋同志学习，首要的就是学习他积极的人生追求和崇高的理想信仰。把人生梦与中国梦结合起来，坚守共产党人的精神家园，自觉抵制拜金主义、享乐主义和极端个人主义的侵蚀，做共产主义远大理想和中国特色社会主义共同理想的坚定信仰者和忠实践行者。第二，要立足岗位学雷锋。雷锋在小学毕业典礼上的发言中说：“我决心做个好农民，争取驾起拖拉机，耕耘祖国大地，建设社会主义新农村。将来，如果祖国需要，我就去做个好工人，为我国的社会主义工业化建设出把力。将来，如果祖国需要，我就参军做个好战士，用自己的鲜血和生命保卫我们伟大的祖国。”“做一颗永不生锈的螺丝钉”是对雷锋爱岗敬业的最真实写照。但无论在什么岗位上，他都出色地完成组织交给的每一项任务。通过干好一件件平凡的事，成就了不平凡的业绩和人生。学习践行雷锋精神，就应当像雷锋那样“干一行、爱一行、专一行、精一行”，在本职岗位上埋头苦干、精益求精，兢兢业业地完成好各项工作任务。第三，要助人为乐学雷锋。雷锋精神与民族传统美德相承接、与社会进步潮流相契合、与党的先进本色相融汇，具有穿越时空的永恒价值。回首近60年学雷锋活动在不同年代留下的不同印记，有一点始终未变，那就是与人为善，助人为乐。雷锋精神昭示世人，只要从点滴小事做起，在他人和社会需要的时候伸出援手，就足以让改变发生，让世界温暖。当前，面对老人摔倒扶不扶的纠结，面对过路人见死不救的冷漠，社会弥漫着伦理困惑与道德焦虑。在这种背景下，雷锋精神为我们提供了道德建设的支撑。如果全社会都能深入持久地学雷锋做好事，播撒像雷锋那样“自己活着，就为了使别人过得更好”的大爱情怀，就一定能够迸发出全心全意为人民服务的不竭动力，就会形成“人人为我、我为人人”的良好社会道德风尚。第四，要艰苦奋斗学雷锋。雷锋出身贫苦，深知生活的艰辛。他说：“我们是国家的主人，应该处处为国家着想，事事要精打细算，不能今朝有酒今朝醉，明日愁来明日忧。我们要奋发图强，自力更生，克服当前存在的暂时困难，坚决反对大吃大喝，力戒浪费。”从这种思想认识出发，雷锋一方面生活得体不奢华，把点点滴滴节省下来的钱支援国家建设，帮助他人解决困难；另一方面保持着革命军人本色，不怕困难、奋发努力。一个国家，一个民族，如果不提倡艰苦奋斗、艰苦创业，只在前人创造的物质文化成果上坐享其成，这样的国家和民族是没有希望的。党的十八大以来，新一届党中央大抓作风建设，习近平总书记就厉行勤俭节约、反对铺张浪费多次做出重要批示。学习弘扬雷锋精神，就要切实以思想上的艰苦、工作上的刻苦、生活上的清苦，来磨砺精神境界、激励革命斗志、永葆政治本色。

一代人自有一代人的情怀，一代人更有一代人的担当，作家郁达夫说过：“没有伟大的人物出现的民族是世界上最可怜的生物之群，有了伟大的人物而不知拥护、爱戴、崇仰的国家，是没有希望的奴隶之邦。”精神是一个国家文化的象征，伟大的时代需要伟大的精神。雷锋精神作为社会主流价值的文化符号，在历史的洪流中，外化的活动形式不断更新，“雷锋式”的道德模范形象更是持续涌现，雷锋精神持续不断地释放出鼓舞人心的文化力量，彰显其独特的文化魅力。学习雷锋精神，更需要我们身体力行地弘扬传承雷锋精神。

有一种精神，穿越历史云烟，历久弥新；有一种怀念，历经时代风雨，更臻醇厚；有一种情节，饱受世俗考验，忠贞不渝。在辽宁抚顺市雷锋纪念馆，雷锋高大的塑像就屹立在雷锋纪念馆的中央，他坐北面南，每天看滚滚车流，人来人往；每天望旭日东升，夕阳西下；每天伴浩瀚天宇，斗转星移。他始终脚踏大地，仰望星空，他的精神高地似乎每一个人都可以摸得到、看得到。雷锋是一座不朽的丰碑，雷锋精神是中华民族的精神财富。

郭明义：雷锋精神的优秀传承者

幸福是什么，每个人都有不同的答案。在鞍钢职工郭明义看来，像雷锋那样，做一个有益于人民的人，就是自己最大的幸福。

历史总是惊人的相似。1958 年，18 岁的雷锋从湖南望城来到鞍钢工作。这一年，郭明义出生在鞍钢齐大山铁矿一个劳模矿工的家里。时光来到 1977 年，当年送雷锋参军入伍的老红军余新元，把郭明义又送上了参军的列车，从此，他沿着雷锋的道路，历经改革开放，一直走到了 40 年后的今天。

5 年的军旅生涯，郭明义先后被评为全师优秀共青团员、学雷锋标兵。1980 年 6 月，他光荣地加入了中国共产党。

坚守岗位的“螺丝钉”

1982 年，郭明义复员到鞍钢矿业公司齐大山铁矿，他始终干一行爱一行，在每一个岗位都取得了优异的业绩。任矿汽运车间大型矿用生产汽车司机时，他创造了全矿单车年产的新纪录；任车间团支部书记时，他所在的支部是鞍钢的红旗团支部；在矿党委宣传部任理论教育干事时，他撰写的党课教案在矿业公司的评比中荣获了一等奖；在车间任统计员时，他参加了统计员资格的全国统考，是矿业公司第一个获得资质证书的人；在矿扩建办任英文翻译时，他以天天最早到、最晚走的敬业精神，赢得外方专家的赞誉，又凭借认真负责的精神，发现5台电动轮生产汽车存在质量问题，为矿里赢得了外方公司10万美元的赔偿。

1996年，他开始担任采场公路管理员，更是像一颗螺丝钉一样，把自己牢牢嵌在这个亚洲最大的露天铁矿采场，在异常艰苦的岗位上整整工作了22年。

为了准确了解路况，他把自己的办公室从矿机关移到了露天采场，无论是漫天大雪，还是酷暑烈阳，每天坚持徒步巡检段高落差200多米的采场道路，每天都提前2个小时上班，双休日、节假日从不休息，累计献工18000多个小时，累计走了70000多公里。天气越是不好时，修路的任务就越重，为了完成紧急工作任务，他被冻伤过耳朵和手脚，还几次中暑晕倒在采场里。

郭明义可不只是个埋头苦干的人，更是一个会干的人。他研制出的采场公路建设新工艺、新技术和新流程，填补了鞍钢的技术空白。主修的高标准采场公路，为企业降耗增效近4000万元。他提出的改矿石破碎站一侧进车为双向进车的建议，一年就为企业降耗200多万元，研发的路料配备新方案，大幅度降低了路料的使用成本，获评合理化建议一等奖。这些源于他坚持不懈的学习。参加工作后，他读完了从业余高中到成人本科的全部课程，高分通过了全国统一录用干部的资格考试。1992年，他还参加了矿里举行的英语强化班学习，他这样做的原因只有一个，就是工作需要。工作在他心里永远都处于第一位。

近几年，上级安排他外出的机会多了。但每次外出，他都力争尽早回来工作。不管多晚到家，第二天早上 5 点多，他都会准时出现在采场。2010 年春节，他参加了中央电视台春节联欢晚会的录制，初一一早，回到鞍山的郭明义就来到了采场，工友们都惊奇地问他："老郭，昨晚刚在电视中看到你，怎么今天就来上班了？"他笑着回答说："咋，我上了春晚，你们就不认识我了？我还是原来的我，该干的工作还得继续干。"

助人为乐的"爱心使者"

在工作上坚强如铁的郭明义，却有一颗最柔软的心，看不得任何人受苦落难。

看到工友的劳动鞋、工作服坏了，他马上把自己身上穿的衣服和鞋子脱下了换给工友。听到职工议论通勤车老化、食堂饭菜质量不好，他主动向矿里反映，问题及时得到了解决。两名工友的孩子得了严重的血液病，他带头捐款，还发动大家都来捐献造血干细胞，甚至不惜放下面子到职工浴池去给大家搓澡，边搓边介绍捐献的知识，感动得大家纷纷报名参加捐献。仅在齐矿采矿车间的一个班组，30 多名职工中，就有 23 人受到过他的直接帮助。

郭明义帮助工友，也帮助社会上素不相识的人，无论谁遇到困难，只要他知道了，立即热情相帮。助人为乐的好事，他做了一件又一件，多到谁也数不清。

看到无偿献血能救人一命，他就从 1990 年开始参加无偿献血，从捐献全血到捐献血小板，至今已献血 6 万多毫升，相当于自身全部血量的10倍。1994年，他又开始参加捐资助学，至今已累计捐款54万元，资助了300多名贫困学生和19户国家精准扶贫建档立卡户。他还成为鞍山市第一批造血干细胞捐献志愿者、遗体（器官）捐献志愿者，把一个人所能献的都献了出来。

郭明义的女儿说，爸爸总能发现比他还困难的人。工友们说，老郭帮助别人是真正的发自肺腑，他就是活雷锋。郭明义用三十几年如一日助人为乐的善行，改变了周围人的看法，大家对他的称谓也从最初的“郭傻子”变成了“郭大侠”，最终成为群众公认的“爱心使者”。

引领风尚的“当代雷锋”

有的工友说，看老郭献了这么多血，身体一点问题都没有，我也要献；有的志愿者说，跟着郭明义去捐助困难学生，我感到了从未有过的快乐。

2009年7月，他在鞍钢发起成立了郭明义爱心团队，到现在已经走向了全国，成为全国有1000多支分队、180多万名志愿者的庞大的民间志愿服务组织，像滚雪球般的不断发展壮大。

对他自己而言，各种荣誉也是接踵而至。2010年，他当选“感动中国”年度获奖人物。2012年3月，他被中央文明委授予“当代雷锋”。此后，他又先后当选党的十八届、十九届中央委员会候补委员，全国总工会副主席（兼职）。这些都被他看作党和人民的信任，选择了更加严格地要求自己。

近几年，单位领导考虑他年纪大了，多次提出要给他调换岗位、配车配司机，他都婉言谢绝了。他说，和采场里的工友相比，我没任何可以特殊的地方。

虽然现在外出的任务多了，但每次外出他都按照自己给自己定下的规矩去做：不走贵宾通道，不坐头等舱、一等座，不参加任何宴请，就是自助餐费也要自己付。

郭明义对群众却还是一如既往的关心帮助。原来住的房子，他买断后改了名字，捐给了一名外地拾荒者，自己的住房公积金也被他捐给了困难群众用于修缮住房；每年开学前，他仍会给困难学生汇去助学的费用；只要条件许可或是血站需要，他还是毫不犹豫地捐献自己的血液，乐此不疲地继续为社会公益做贡献。他说：“即使有一天我不符合献血条件了，也要做一个无偿献血的宣传员。”在他看来，如果说现在的自己有了什么变化，就只有要做的事更多了。

2015 年以来，他开始发动郭明义爱心团队参与精准扶贫，将学雷锋志愿服务引向脱贫攻坚的新领域。截至 2018 年 10 月，已捐助国家精准扶贫建档立卡户 2710 户，捐款总额近 2300 万元。

如今的郭明义，还坚守在铁山采场的艰苦岗位，还奔走在学雷锋的阳光路上，他说：“看到越来越多的人加入学雷锋的行列，我真的感到了每做一件好事都有一股幸福感涌上心头的快乐和幸福。”

孙桂琴：“雷锋叔叔教我们”

孙桂琴 14 次被沈阳军区和所在部队评为学雷锋标兵和先进个人，3 次被辽宁省评为先进个人，荣获沈阳军区学雷锋金质奖章，2 次荣立二等功，3 次荣立三等功，她的家庭被评为全国五好文明家庭，她被辽宁省评为好母亲，被总政治部评为好军嫂，多次被沈阳陆军总院（现北方战区医院）评为医德、医风先进个人。简述至此，不言而喻，她就是本文介绍的主人公——中国人民解放军文职二级副军级退休的孙桂琴，一个群言所荐、秀外慧中的大好人。

即便年至花甲有余，风韵犹存的孙桂琴回忆起自己“花儿朵朵”的少年时代，脸上露出甜甜的笑意：“那是我戴红领巾的时代最幸福的时刻呀！”

初识雷锋在校园

美好的回忆载着孙桂琴穿越时空：1960 年 10 月的一天，抚顺建设小学就好像过节一样，大家穿着整洁的衣服，排着整齐的队伍，站在校门两旁迎候十几位解放军辅导员的到来。孙桂琴很幸运，被选为站在欢迎队伍的第一人。当解放军叔叔向他们走来时，孙桂琴的心都跳到了嗓子眼。校长高兴地向他们喊道：“大家鼓掌欢迎解放军，你们看，走在前面的就是雷锋！”

雷锋走过她的眼前，他个子不高，脸色红扑扑的，走起路来特别有精神。在那次隆重的主题大会上，当一条鲜红的红领巾系在雷锋胸前时，雷锋激动地哭了，对他们说：“小朋友们，几年前我刚摘下红领巾，今天我又戴上了红领巾，以后我就是你们的大朋友了……”从此，雷锋成了他们的大朋友，他们亲切地叫他雷锋叔叔。

雷锋与少先队员在一起

雷锋与少先队员在一起

作为被老师安排在校园头排第一名欢迎雷锋的学生，孙桂琴不禁有点“小自豪”。由此，日后特别留意与雷锋辅导员的交往。

一次，为了上学不迟到，她跑掉了红领巾，来不及戴上，抓在手里要进学校，正巧被站在校门口的雷锋叫住了。雷锋一边为她系好了红领巾，一边亲切地说：“小桂琴，上学前要把红领巾系得紧一些，要爱护红领巾，它是红旗的一角，也是我们少先队员的标志啊。”孙桂琴不好意思地点了头，从此对红领巾的感觉非常亲切，将它看作身体的一部分，至今这条红领巾还珍藏在身边。

1961年夏天，也让孙桂琴至今念想。雷锋领他们到郊区农村助民拔草。什么是秧苗，什么是野草，大多同学都不认识。雷锋和老师讲解了，但有的同学没注意听，把秧苗看作野草拔掉了，有的还在田里打闹踩倒了秧苗。雷锋发现后，把踩倒的秧苗扶起来，又手把手地教他们认识苗和草，说："农民把庄稼培植到现在这么大，付出多少辛勤劳动。咱们红领巾要尊重他人的劳动成果呀！"

孙桂琴及很多同学都是煤矿工人子女，家里生活不太宽裕。雷锋常常教育他们要艰苦朴素、勤俭节约。一次，上大字书写课，孙桂琴忘带写字本想回去取，碰上雷锋把她领到少先队大队部，找出一支用线缠好的旧毛笔和两张写过字的纸，用红蓝铅笔在纸的反面画了方格。雷锋告诉她，父母上班挣钱不容易，要从小学会节约，用这样的纸一样能练好字。老师知道了这件事，就把这两张纸贴到黑板上，让同学们学习"一纸多用"。从此，全班同学的本子正面用完了背面用，然后在上面练毛笔字。雷锋还做了一个节约箱、一个储物箱、一个针线包，送给了孙桂琴所在的班。孙桂琴看过雷锋补过的袜子，雷锋说："搞节约不仅是为了一家一户，更主要是为了国家呀。"雷锋手把手地教孙桂琴补袜子，这事和照片还登在当年的《中国少年报》，至今她的母校——抚顺市雷锋小学展览室里还有留存。

1962年4月，孙桂琴和同学们在阅览室听雷锋讲故事，军区干事张峻为雷锋和他们照相。见孙桂琴个子矮小，雷锋就到门外捡了两块砖头，让她垫在脚下"增高"……但见闪光灯一亮，孙桂琴此生难忘的幸福瞬间，也就是全国很多人都熟悉的她这张"大眼睛"的照片便诞生了。

1962 年 8 月 15 日，是建设街小学开学的日子。就在这天，雷锋因公殉职，孙桂琴他们闻讯都失声痛哭起来。17 日，孙桂琴作为学生代表参加追悼大会，护送雷锋的遗体走出礼堂时，只见街道两旁挤满了人，就连白发苍苍的老爷爷、老奶奶和没上学的孩子，都自发送别他们熟悉的这个“爱笑的士兵”。

雷锋生前去过孙桂琴的家，提到雷锋，她的父母都哭了，买来纸张，代表家人五口，动手扎了 5 个花圈，以此表达悼念之情。一个月后，思念心切的孙桂琴约同学走了近二十里路去看雷锋，在雷锋墓前难禁悲痛，又大哭起来。临别时，她率先摘下红领巾，和其他十一个同学的共十二条红领巾结成了红领巾花环，一同敬献给他们思念的雷锋叔叔……

少年时，孙桂琴为失去一位好辅导员而痛心；长大后，她明白了人民群众和与时俱进的社会是多么需要雷锋精神啊！

此生永作雷锋传人

孙桂芹由衷地对记者说：“雷锋叔叔虽然辅导我的时间短暂，但其精神不朽，已经影响和改变了我的一生。”

我们看到，从 50 多年前，孙桂琴一路走到今天，留下了一路传承雷锋精神的闪光足迹。她 16 岁下乡插队，学习雷锋精神，助人为乐，把自己的衣服送给贫困的农民，用节省下来的钱买文具，送给家境困难的小学生，等等。她也因此被评为辽宁省学雷锋先进个人。

1970 年，孙桂琴 17 岁参军到雷锋生前所在部队。她当话务员，为群众找到失踪的小孩，为用户千里寄药；当了干部，仍不忘雷锋的教诲，为失足青年走上新岸付出了心血。

她大学毕业当了军医，为病人治疗“像春天般的温暖”。她所在的血液内科，有一位不满二十岁的战士，刚考上炮兵学院就得了血癌，他痛苦绝望，对未来失去了信心。孙桂琴发现他总在病房里发呆，担心发生意外，就经常到病房同他谈雷锋、谈理想。由于小战士家在外地，不方便有人探望，孙桂琴就常常给他送些水果，过春节还在家包好饺子，冒着风雪，送到他的病床前，小战士感动得哭了。病愈出院后，他给孙桂琴信中写道：“我做梦也没有想到我能够痊愈，现在我精神焕发，精力充沛，我没有什么来报答和感激你，只有努力学习掌握保卫祖国的本领，来报答您对我的期望。”

有个河南籍战士，被确诊为白血病后，长叹生命太短，心情沉痛，不吃不喝，还拒绝治疗，孙桂琴从多方面关心他。他鼻子大出血，就为他擦洗；他发烧，就为他冷敷；化疗时，他难饮食，就在家里做他想吃的东西，买他爱吃的水果。她还送给他看《雷锋的故事》和《雷锋日记》，以雷锋感人的事迹为例，谈人生的价值……听到孙桂琴推心置腹的鼓励，这个战士日渐振奋精神，出院时眼含热泪给孙桂琴敬个军礼说：“孙医生，你教我学雷锋，教我如何做人，今后我活一天，就要活得有意义。”回部队后，这个战士表现突出，被树为学雷锋标兵，入了党，荣立了三等功。孙桂琴被邀请参加这个战士的庆功会，亲手为他戴上了军功章。

有一个患恶性淋巴瘤的战士，病情突然恶化，病危之际他对病友说想吃酸梨。孙桂琴听到后心里作痛，这个可怜的小战士就要离开人世，她是他的医生更是他的战友，要满足他的最后心愿。于是，她顾不得下夜班领发烧的孩子去看病，骑车跑了好几个地方，终于在沈阳北市买到了 5 斤梨。

当她满头大汗地奔回病房，给这个小战士削好梨，并扶他靠在怀里时，小战士仅仅能咬上一小口，便无法下咽了。孙桂琴鼓励他要坚强地等到妈妈赶来，他拉着孙桂琴的手，用尽最后的气力说："孙医生，我可能等不到妈妈来了，请你告诉我妈妈，不要为我哭，医生也是好妈妈……"当年，才 32 岁的孙桂琴听了这话，眼泪瞬时流了下来。这个可怜的小战士，不一会儿便在孙桂琴怀里合上了双眼。最后，他离开人世，只有孙医生这个好妈妈陪护在他的身边。

唯愿白发与红领巾一起飘扬

雷锋精神，在孙桂琴看来，是人生进步的永恒动力，不受岁月磨损，只要念想就能永存，而她也觉得不断地受益其中。所以这些年，无论在哪个岗位上，她信雷锋，坚定不移；学雷锋，坚持不懈；宣传雷锋，坚守不怠，仅做雷锋事迹专题报告已逾千场。

有一次，孙桂琴为北京一所大学做报告后，大学生们提出继续跟她座谈。一位老教授担心地对她提醒："现在大学生们思想活跃，问题尖刻，你要有所准备。"孙桂琴回答："论知识水平，我可能不如青年学生，但我相信雷锋精神是会赢得人心的，是有说服力的。"座谈会上，一位同学问："孙老师，我认为雷锋是个傻子，一个心眼，对这个问题你是怎么看的？"她含笑作答："这些年，一直有人说雷锋是傻子。这种说法显然不妥。举个例子吧，假如你是雷锋送回家的那位大嫂，当时天上下着瓢泼大雨，你抱着孩子走在泥泞的道路上，雨水湿透了你的衣服，孩子被雨淋得哇哇直哭，作为母亲的你，多么希望有一件雨具能为你和孩子挡风遮雨啊！这时一位解放军赶来，他脱下自己的雨衣给你披上，把军装给孩子穿上，此时，你还能说他傻吗？能说他一个心眼吗？”

孙桂琴充满感情地讲到这里，那位提问的同学沉默无语，其他同学们则对她即兴反问报以热烈的掌声。“宣传雷锋精神，也是实践雷锋精神的过程，必须经得起各种考验，才得以不断前行。”这是孙桂琴多次做报告后所总结的体会。有一次，她到一个单位做报告，走在会场过道时，有个小青年嘟囔道：“如今这年代，讲学雷锋，还不如给我们讲讲股票，讲讲怎么赚钱，那多实惠。”

孙桂琴听得真切，做报告时结合这个青年的观点对大家说：“是的，现在是发展社会主义商品经济，但无论社会发展到什么时代，雷锋助人为乐的精神都是不可缺少的。为什么大家看到做好事的，都要说这是学雷锋，这不是一种简单的思维定式，而是因为雷锋事迹深入人心，雷锋身上体现了中华民族最优秀的传统美德，美德难道还能因时代发展而贬值吗？”

抚今追昔，从 16 岁起始到今天，孙桂琴先后担任全国 130 多所学校的校外辅导员。她用心血浇灌祖国的花儿朵朵，有多所她担任校外辅导员的学校被评为全国红旗少先大队和全国精神文明学校，堪称桃李满天下。

刘佩琦：感受《雷锋之歌》的经典魅力

我是演员刘佩琦，在《离开雷锋的日子》里，饰演过雷锋的战友乔安山。雷锋是乔安山的好班长，是毛主席的好战士，更是一个时代的符号，一种精神的象征。

我想，听友中有很多和我一样，也是唱着《学习雷锋好榜样》，听着《雷锋的故事》，读着《雷锋日记》，看着《雷锋》的电影长大的，用现在的话说，雷锋叔叔，那可是咱当之无愧的“国民叔叔”。

今年，新中国 70 岁了，如果雷锋活着，也是个 80 岁的老叔叔了，就连我这个当时的小朋友现在也已经成了个花甲老头儿，到了我这样一个喜欢回忆的年龄，我总是想起雷锋，也特别想念雷锋。今天，我就借着这个追经典的活动，给大家推荐一首诗，那就是贺敬之先生的《雷锋之歌》。

1963 年 4 月 11 日，贺敬之创作的《雷锋之歌》在《中国青年报》正式发表。说起这首诗歌诞生的过程，还要提到一位开国将军。

有一年早春，北京医院病房内，开国上将、国家农垦部部长王震刚刚动完一场手术。躺在病床上的他，看着关于雷锋的长篇通讯，心潮澎湃。他将贺敬之、柯岩夫妇等叫到病房，非常动情地说："你们这些诗人都看了没有，应该写写这个雷锋！担当起学雷锋、写雷锋的时代重任，我们这些老头子都要向他学习呢！"在作别时，又特别叮嘱："诗，一定要写好雷锋精神！"

之后不久，贺敬之的爱人柯岩便冒着风雪抵达抚顺，来到雷锋生前的部队进行采访。她跑遍了雷锋工作和生活过的地方，听了雷锋战友和当地老百姓讲的无数个感人的故事，流着泪阅读雷锋写的 20 多本日记。这些一手资料，真真切切地展示了雷锋短暂、平凡又伟大的一生。看了夫人带回来的资料，贺敬之文思泉涌，夜不能寐，一鼓作气写完这首 1200 余行的诗歌——《雷锋之歌》。

正如王震将军所言，《雷锋之歌》的核心就是要写好雷锋精神。在这一点，《雷锋之歌》是如何展现的呢？我给大家来读几段：

你虽然不是
在炮火连天的战场上
战斗冲锋，
在平凡的
工作岗位上，
你却是真正的
勇士呵——
……
哪里需要？

看雷锋的
飞快的
脚步！
哪里缺少？
看雷锋的
忙碌的
身影！……
……呵，马上去
给大娘浇地——
现在
麦苗正要返青……
……呵，立刻把
自己省下的存款
寄给公社——
支援
受灾的农民弟兄……
……唔，快准备
给孩子们
讲革命故事——
明天是
队日活动……
……唔，必须把
赶路的大嫂

护送到家——
现在是
夜深，雨大，
路远，泥泞……

你只有
一百五十四厘米
身高，
二十二岁的
年龄……
但是，在你军衣的
五个纽扣后面却有：
七大洲的风雨
亿万人的斗争
——在胸中包容！……
你全身的血液，
你每一根神经，
都沸腾着
对祖国的热爱，
而你同时
在每一天，
每一分钟，
念念不忘：

世界上还有

千千万万

受难的弟兄! ……

这是《雷锋之歌》中我最喜欢的部分。是的，亿万中国人都在学习的那个人，就是这样一个不起眼的小个子；一代又一代都在传承的雷锋精神，也最能在这些日常小事之中体现。但在所有的平凡之后，却有着信念的能量、大爱的胸怀、忘我的精神和进取的锐气。这让雷锋成为我们人人可学的时代楷模，也让雷锋精神成为我们历久弥新的精神力量。

近年来，我不时也会在网上看到，有人讨论今天学雷锋过时吗?还有人提出“三月雷锋来，四月雷锋走”的现象；甚至还有人干脆怀疑雷锋的故事不是真的。怎么说呢?其实20年前，我演《离开雷锋的日子》那会儿，乔安山就遇到过类似的问题。有一次，他救了被车撞伤的老人，家属找不到肇事司机，又不想付医疗费，干脆教唆老人诬陷他，乔安山从救老人的好人变成了撞老人的无赖，还要被家属讹诈各种损失共4万人民币。还有一次，他的卡车陷在半路，向过路人求助，帮了一辈子人的他在最需要帮助时，却无人伸出援手，唯一一个愿意的，开口就是1000元报酬。在这些时候，别说其他人，就连他自己生养的儿子都会抱怨说，这个时代，大家想的不是学雷锋了；甚至他自己，也曾经在最无助的时刻跑到雷锋的墓前和班长唠嗑，问:“好事难做，做了更难，班长，这究竟是咋回事?”

你看，不仅网友有困惑，就连雷锋最亲密的战友乔安山也有困惑。是的，时代在变，现在和《离开雷锋的日子》上映的九十年代不一样，九十年代和毛主席题词“向雷锋同志学习”、《雷锋之歌》发表的六十年代也不一样。

但时代越是变化，有些美好的东西就越需要我们去坚持、去守护、去传承。

我接着给大家讲。

在《离开雷锋的日子》结尾，一群青年志愿者下乡扫盲，路过乔安山陷在半路的卡车，二话不说，纷纷支援。乔安山的儿子看这些人涌向卡车，以为遇上打劫，听说是要帮忙，又问要多少钱。“不要钱，我们就是来帮忙的。”这是他得到的答案。

故事中是这样的，故事外也是这样的。破冰施救落水人员的七旬大爷、夺刀救下被挟持人质的外卖小哥、默默为救护车让出通道的沿途司机、风雪中日夜坚守的环卫工、用生命铸就忠诚的警察，哪一个不是雷锋式的好人？

2003 年抗击非典，1200 多万青年志愿者开展了科普宣传、热线咨询等活动；“5·12”汶川特大地震，全国有 491 万名志愿者参与抗震救灾和灾后重建；全国助残“阳光行动”志愿服务总队有 237 万名助残志愿者，结对帮扶残疾青少年 310 万人，超过残疾青少年总数的三分之二……这些志愿者们，哪一个不是雷锋式的好人？

知道吗？你春节回家的路上，有人不回家，他们在火车站、机场、道路、港口的 2 万多个站点进行为期 40 天春运志愿服务，服务时长达 870 万小时以上；在你路过的城市乡间，有 586 万青年志愿者通过“七彩小屋”等阵地，直接服务留守儿童 93 万余人，这些等在路上、深入乡间的志愿者们，哪一个不是雷锋式的好人？

每当我在微博、微信上看到他们发的照片、感想，我就觉得，这就是我们新时代的《雷锋日记》啊！我就知道，雷锋还活着！

在新中国走过70年风雨历程、取得巨大成绩的今天，亲爱的听友们，请和我一起在离开雷锋的第57个年头，重温雷锋的故事和雷锋的歌——

呵！这就是
这就是
一个叫作
“雷锋”的
中国革命战士的
英雄姿态！
这就是
我们的大地
我们的母亲
以雷锋的名义
给历史的
回应——
人啊，
应该
这样生！
路啊，
应该
这样行！……

郭长义：雷锋精神——永恒的生命之光

雷锋是一个时代的楷模。雷锋精神，是新时代公民道德建设的重要标杆，在新时代焕发出旺盛的生命力。2020 年 12 月 18 日是雷锋同志 80 周年诞辰，在这样的重要时间节点，我们重温《雷锋日记》，讲好雷锋故事，赓续雷锋精神，目的在于让雷锋精神——永恒的生命之光，在新时代继续闪耀出灿烂夺目的光辉。

一、用平凡书写伟大

从生命运动的自然曲线看，任何英雄也都是与普通人一样从摇篮走向墓地。当然，有的人活着，他却死了，而雷锋的生命虽然停止了，但他的精神却还活着。雷锋已经成为一种时代精神的符号，指引着我们坚定理想、坚守岗位、坚持奉献，在平凡的小事中成就伟大的人格。

1. 雷锋用“小我”筑起美德的丰碑

他曾经是一个开着拖拉机种地收粮的农家子弟，曾经是一个开着推土机建设铁矿的青年工人，曾经是一个驾驶着汽车承担运输任务的普通战士，他像一滴水，却怀抱一轮普照万物的太阳，把有限的生命投入到无限的大爱中去。雷锋与普通人一样的是，他爱照相，曾在天安门前骑摩托留影；他爱美，穿皮夹克，留过“刘海”。他热爱生活，是一个有时代气息的青年。他把人民之忧放在心头，把人民之乐举在头顶，公而忘私，大而无我，用真用善用美，净化着这个世界，温暖着这个世界，他就是这样，以平凡的伟大竖起与人等高的一座美德丰碑，使人心感亲近又仰之弥高。

2. 雷锋用“小事”汇成大爱的江河

雷锋从来到这个世界，仅仅走过二十二年人生岁月，仅有六年多的劳动和工作时间。六年多，不足一百个月，只有五万多个小时，雷锋做的许许多多平平常常的小事，没有赴汤蹈火的惊人壮举，没有惊天动地的英雄事迹，既不像董存瑞炸碉堡那样震天动地，又不像刘胡兰大义赴刑场那样气壮山河，也不像黄继光用胸膛堵枪眼那样惊心动魄，然而却和董存瑞、刘胡兰和黄继光一样可歌可泣，光辉照人，同样给人启示，感人肺腑。雷锋在力所能及的范围内，从那些人人都可以做到的平凡小事开始，时时处处为社会主义大厦添砖加瓦，为人民尽心尽力。他所做的这些平凡小事，人人都可以做到，然而人人又难以做到。这些普普通通的小事，像大海的一滴滴小小的水珠，但是通过这些小小的水珠，却反映了一个革命青年全心全意为人民的耿耿忠心和无私精神，也足见马克思主义者历来倡导的共产主义道德在雷锋身上放射的灼灼光辉。雷锋把伟大赋予平凡中，通过平凡去体现伟大，最终从平凡走向伟大。

3. 雷锋用“小为”成就精神的矿脉

岁月短暂而生命常在，从而使他成为一座人生灯塔，引导着人生的后来者。尽管雷锋只有小学文化，却用自己坚实的人生足迹撰写了一部人生大书。关于中华传统和时代精神，关于劳动创造和人生价值，关于人为谁生、人怎样活，关于自我实现和自我超越，关于内在美与外在美，关于人性修养与知识修养，关于刚和柔、爱与恨……他都阐释得那样美丽而朴素，鲜明而生动，清朗而深邃，读之厚重，存之久远，为人类文明留下了一座精神矿脉，供人们去做无尽的开掘与汲取。雷锋的精神特质和人性内涵，雷锋的美德力量，雷锋和人民日常生活的亲近性，愈经历时间沉淀，便愈加莹润夺目而光华璀璨，便愈加金声玉振而深叩心灵，便愈加显示了中华美德那种源流传承性。

二、用党性升华人性

人性是党性的基础，党性是人性的更高层次；人性蕴含有党性的内容，党性提取了人性中最精华的部分，是人性中的最亮点。雷锋精神的内涵饱含着最普遍、最感人、最具号召力和影响力的人性的光辉。纵观雷锋平凡而短暂的人生，他善于把党性原则融入无限的为人民服务之中，让党性闪烁着人性的光芒。

1. 雷锋坚持以基本的人性为标准，突显人性优点

在雷锋的身上，充分体现出人性先于党性，党性高于人性。因为一个优秀党员，首先应该是一个优秀公民而又不仅止于一个优秀公民。构建社会主义和谐社会的最基本、最重要的人性标准，就是向善向上，诚实谦逊，心系百姓。雷锋身上闪烁着人性的光芒在于：他向上，有一颗进取之心，追求进步，向往光明，好学上进，自强不息；他诚信，有一颗坦诚之心，言而有信，说到做到，老老实实做事，诚心诚意待人；他谦逊，有一颗谦虚之心，自尊尊人，宽厚待人，谦虚谨慎，常思己过，见贤思齐；他心系百姓，有一颗爱民之心，把有限的生命投入到无限的为人民服务之中去。雷锋的“真”，以性出本我、诚以待人为特征，是人性之根本；雷锋的“善”，以他人第一、无私忘我为价值，是人性之枝叶；雷锋的“美”，以忧人所忧、乐人所乐为风范，是人性之花。而他的“信”，便如那花朵上的芳香，沁人心脾。

2. 雷锋坚持以尊重人性为基础，提升人性境界

鲁迅先生说，无情未必真豪杰，怜子如何不丈夫。谁说英雄的身上没有人性的温柔？孟子说，老吾老以及人之老，幼吾幼以及人之幼。一个连“吾老”不老、“吾幼”不幼的人，又怎么相信他会是一个优秀党员？从雷锋的职业规划和选择中，我们看到了个体生命的尊严与价值，这既是雷锋人生价值不断升华的过程，更是雷锋将人性升华为党性的具体体现。他从团山湖农场应招到鞍钢当工人，完全是自己主动报名申请并且是毫不犹豫的。远别故乡故土，放弃较优厚的工资，雷锋以他敏锐的目光和深情的向往，从农村田野走向了机械轰鸣、烟囱林立的大工厂，做出了他人生中最重要的第一次自我选择。部队征集新兵，唤起了他梦寐以求的理想和夙愿：肩扛钢枪，保卫祖国。他第二次做出了人生选择，离开自己所熟悉的工厂和岗位，完全放弃工资，以强烈的真挚和迫切打动了征兵部门，义无反顾地走向了火热的军营。适应国家需要，紧紧跟随时代，追求人生价值的最大实现。

3. 雷锋坚持以修炼人品为前提，强化党性修养

在《雷锋日记》中，随处可见雷锋修炼人品的内容，雷锋人品修炼表现在他经常性地严于解剖自己。他经常告诫自己：必须谦虚谨慎，老老实实做人；要“不断充实自己”，保持谦逊好学的态度。在单独执行任务时，想想邱少云；在得到福利和享受时，想想白求恩。要像保养、清洗螺丝钉那样“随时清除思想上的毛病”，雷锋修炼人品表现在他有则改之无则加勉。1962年8月10日，他在人生的最后一篇日记中写道：“今天，我认真地学习了一段毛主席著作，其中有两句话对我教育很深。毛主席指导我们说：‘虚心使人进步，骄傲使人落后。’这是千真万确的真理。过去，我在一切言论和行为中，按主席的指导做了，因此我进步了；现在，我仍要牢记主席这一教导，坚决努力，要求自己更好地做到这一点。今后，我要更加珍爱人民和尊敬人民，永远做群众的小学生，做人民的勤务员。”雷锋作为一名普通人，也有过失也会犯错，在他那短暂的生命历程里，不知多少次反省自己，不知多少次告诫自己。他严于解剖自己的果敢，倾注了对真善美的执着追求；他诚恳接受批评的谦逊，饱含了“永远做群众的小学生”的真诚心愿。所有这些无不体现出雷锋的党性修养。

三、用哲学思考人生

在雷锋的人生哲学中，有对人的本质的科学认识，对人生价值的正确理解，以及对人生目的的积极追求。从唯物史观的层面看，雷锋把有限的生命投入到无限的为人民服务中去这一价值取向，与共产党人为人民谋幸福的这一初心完全契合；从唯物辩证法的层面看，雷锋公而忘私的共产主义风格与共产党人的历史使命完全契合；从认识论“实践”观点层面看，雷锋把崇高的理想信念和道德品质追求转化为具体行动的责任担当与共产党人践行初心和使命的责任担当这一具体要求高度契合。

1. 雷锋用哲学的视角思考人生

《雷锋日记》作为雷锋事迹的真实写照和历史见证，早已成为雷锋精神的文字载体和生动教材，陈列在中华民族的集体记忆里。开展学雷锋活动50多年来，一代一代中国人都在解读《雷锋日记》，其中毛泽东主席也在解读，但是伟人的读法与众不同，他的目光总能透过纸背，看到最具本质的东西，并提纲挈领地说："我看过《雷锋日记》的一部分，此人懂得一点哲学。"老人家一语中的，点拨指向。如果我们按照"懂得一点哲学"的角度再去解读雷锋、解读《雷锋日记》，不仅能找到雷锋精神永不磨灭、雷锋精神薪火相传的根本原因，也更能在"人为什么活着""为谁活着，怎样做人？"这些终极问题上得到感悟和启发。雷锋对此给出了答案，这个答案就在雷锋的"人生七问"中："如果你是一滴水，你是否滋润了一寸土地？如果你是一线阳光，你是否照亮了一分黑暗？如果你是一颗粮食，你是否哺育了有用的生命？如果你是一颗最小的螺丝钉，你是否永远守在你生活的岗位上？如果你要告诉我们什么思想，你是否在日夜宣扬那最美丽的理想？你既然活着，你又是否为了未来的人类生活付出你的劳动，使世界一天天变得更美丽？我想问你，为未来带来了什么？在生活的仓库里，我们不应该只是个无穷尽的支付者。"

2. 雷锋用哲学的视野诠释价值

雷锋曾说过："我活着只有一个目的，就是做一个对人民有用的人。生为人民生，死为人民死。"雷锋把为绝大多数人谋利益，看作是人生的崇高目的和最大幸福，他的全部人生哲学就在于对社会所尽的责任和所做的贡献，他的人生的最大价值和意义，在于努力为人民服务，无私地把自己的一切精力贡献给祖国和人民。雷锋活着的目的就是为了使别人活得更好、活得更幸福，雷锋生命的价值变得如此不同。我们说一个人的生命意义，在他以自我为中心而活着的时候，是彰显不出他的价值的，但为别人而活的时候便彰显得与众不同。臧克家为纪念鲁迅而作的诗《有的人》：有的人活着，已经死了；有的人死了，他还活着……有的人，他活着别人就不能活；有的人，活着为了多数人更好地活……哪些人死了还活着呢？指的就是鲁迅以及像鲁迅那样一生为人民、甘愿为人民做牛马的人，这种人虽然生命不在了，但他们的思想、精神永远活在人民心中。今天学习雷锋，目的在于引导全社会践行雷锋精神，讲好新时代雷锋故事，争做新时代雷锋传人，我们就应该像雷锋那样从哲学的视角诠释价值，把雷锋精神作为一种生活态度、生活方式，启发人们雷锋精神人人可学，人人可以当雷锋。雷锋就在身边，从点滴做起、从自己做起、从当下做起，现实生活中就会涌现出无数的雷锋，这就是学习雷锋活动常态化的现实意义与落脚点。

四、用初心践行使命

为中国人民谋幸福、为中华民族谋复兴的初心和使命，集中体现了党的性质宗旨、理想信念和奋斗目标。“不忘初心，牢记使命”激励着我们每一个人努力学习、不断奋斗的方向，而这份初心，雷锋同志早已经铭记于心，“为人民服务”的初心，从未动摇。

1. 雷锋的初心使命体现在爱党、爱国、爱社会主义的实践中

雷锋曾说，人生有三件大事，第一件是加入少年先锋队，第二件是加入共产主义青年团，第三件是加入中国共产党。锻炼成长为一名共产党员后，雷锋在日记中写道：“人的生命是有限的，可是，为人民服务是无限的，我要把有限的生命，投入到无限的为人民服务之中去。”他是这样说的，也是这样做的。雷锋当过农民、工人、战士，在一个个普通岗位上，一件事情接着一件事情去做，一项任务接着一项任务去完成，·点一滴地奉献，用青春和生命诠释了什么是共产党人的初心、如何践行共产党人的使命。雷锋的一生，就是一个年轻的共产党员用全部身心写就爱党、爱国、爱社会主义的鲜红历史。

2. 雷锋的初心使命体现在奋发向上、勇于担当、锐意进取的行动中

雷锋的一生虽然短暂，但他在短暂的人生中始终拼搏奋进，与时代同行。20 世纪 50 年代，雷锋响应国家号召积极参加农业生产，之后奔赴东北参加工业生产。不管在田间地头，还是在工厂车间，他都撸起袖子、甩开膀子，既不叫苦也不叫累，把对党和人民事业的热忱化作艰苦奋斗的汗水，挥洒在平凡岗位上、具体工作中。雷锋用实际行动启迪党员、干部，践行初心和使命必须以党的旗帜为旗帜、以党的方向为方向、以党的意志为意志，到党和人民最需要的地方去，积极进取、担当尽责，干一行、爱一行、专一行，做一颗永不生锈的螺丝钉。

3. 雷锋的初心使命体现在任劳任怨、甘于奉献、舍身忘我的工作中

雷锋关心别人，帮助别人，完全出自内心，发自肺腑。雷锋用一颗金子般的爱心和一腔真挚，做好事一无所求，一无所取，完全是无私的给予。他以战友的名义给战友家中寄钱，在车站给陌生的大嫂补票，在风雨中送妇女和孩子回家，他都是真心相帮，不图一丝回报，甚至连名字都不留下。所以他做好事，是别人知不知道照样做，看没看见照样做，谁都不认识他，他也照样做。他的初心使命体现在“雷锋出差一千里，好事做了一火车”“对待同志要像春天般的温暖，对待工作要像夏天一样的火热，对待个人主义要像秋风扫落叶一样，对待敌人要像严冬一样残酷无情”“为了忠于党的事业……今后，我一定要更好地听从党的教导，党叫我干什么，我就干什么，决不讲价钱……”“我要时刻准备着为党和阶级的最高利益，牺牲个人的一切，甚至生命”的宗旨坚守中。

王金祥：又一次穿越

当零距离拍摄采访雷锋班24位班长和一位班长的家人时，当通过整理访谈文稿和图片与他们做心灵上的对话时，我仿佛是再一次经历了穿越。

上次穿越是2011年9月底，刚退休20多天，我随中国摄影探险科考团，穿越了中国四大无人区之一的阿尔金山，出版了《穿越阿尔金》一书。风餐露宿13天，艰苦跋涉8000里，在完成物理意义上穿越的同时，经历了生命的穿越、精神和思绪上的穿越。

拍摄采访雷锋班历任班长，何尝不是这种穿越啊！

25位班长，分别居住在我国7个省、自治区、直辖市，逐家走访并拍摄影像，历时春夏秋冬四季。

雷锋因公牺牲至今50多年，我们国家发生了翻天覆地的变化，我们军队取得了举世瞩目的进步，每位班长都携带着历史，携带着雷锋传承史，他们的记忆和影像文本打下了时代的印记，具有各不相同的鲜明特点。

每位班长经历不同，个性迥异：或老成持重，或阳光活跃；或敦厚诚恳，或机敏睿智；或热情好客，或疏于礼数。感谢雷锋将我们联系在一起，一旦拍摄采访开始，不是刻板的一问一答，而是敞开心扉地交流，推心置腹地讨论，让您分享他们的思想和情感，体味他们的喜怒哀乐，真正是面对面、话接话、实打实、心贴心。

这种穿越地理的奔波，穿越历史的回忆，穿越心灵的对话，比起上次穿越无人区，更给生命增加了正能量。

拍摄采访雷锋班历任班长的动议，始于2012年初春。当时看了报道，说雷锋生前所在团的代表在北京人民大会堂做学习雷锋典型事迹报告，又听机关的同志说，雷锋班24位班长（当时），已经去世1名，因病无法外出1名，对此我的第一反应是雷锋班历任班长的影像文本资料，需要抢救性地留存。又想到，马上就是毛主席“向雷锋同志学习”题词发表50周年了，半个世纪的光阴，我从学子到回乡务农，从战士到将军，一路听着《学习雷锋好榜样》的歌声前行。回想自己的“兵之初”，入伍后第一个单位就是班，第一个认识和依靠的人是班长，班长手把手地教我们整理内务，肩并肩地领我们摸爬滚打，帮我们迈好军营第一步。我军的班、班长，在军队建设中处于举足轻重的地位，具有不可替代的作用。雷锋班，因雷锋而命名，是传承雷锋精神第一班；雷锋班班长，对弘扬雷锋精神发挥了独特的功能，产生过广泛的社会影响，历任雷锋班班长在长达50年的时间里所发生的故事，对其他班长一定会有借鉴意义。这样，我的思绪穿越个人成长历程，尤其是军旅生涯，顺着班——班长——雷锋班——雷锋班班长的逻辑，定下了拍摄采访的“作战决心”。

这些想法得到一些战友和摄影界朋友的赞同，著名军旅摄影家线云强陪我专程去了一趟雷锋所在团，参观雷锋纪念馆，观看部队军事训练，找找拍摄采访的感觉。回来后我在电脑上拟定“作战方案”，写出了拍摄采访实施计划，书面呈报给军区政治部首长。

认真进行了“战前准备”，先是进行人物肖像拍摄作业，将一些人物摄影相关的书，几乎逐页逐图做了研究并记下笔记，还从网络上搜集了大量人物图片肖像、油画肖像，以至于连专业图片编辑也认为这些肖像资料找得这么全不容易，悉数从我的移动硬盘中拷走。同时阅读了所有能找的访谈类书籍，考虑采访提纲。不久，又去该团做了试拍，进行“临时强化训练”，此后开始了正式拍摄采访。我从个人积蓄中取出一些现金，放在军区政治部财务室，以便用规范的方式，给退休的班长们带点慰问品，给一位班长的遗孀带点慰问金，请约来的班长吃顿便饭。

将近一年的拍摄采访和文字图片整理，我向读者或观看者呈现了什么呢？呈现了一部图文书。

图文书将半个世纪的时空作景深，集肖像、小传、历史照片和访谈等人文要素，建立叙事轴线，进行纵深性研究，叙述每位班长的历史位置、心路历程和成长启示，在雷锋精神的传承和如何立身做人上聚焦，并从中看出国家发展、军队进步、个人成长的历史印记。就像把一粒粒晶莹的记忆珍珠，串成一条折射历史的项链。

影像与文本是雷锋班历任班长的个人事迹集萃，没有拔高、放大、求全，力避空洞的说教。我对每位班长不熟悉，但对他们的工作生活环境比较了解。我要做的，是直面每位班长所处的不同时代，把他们的先进事迹、个人心迹和时代痕迹综合起来，筛选出每位班长的“关键词”，完成军人与军人的对话。

拍好每位班长的人物肖像有一定难度。我没有接受过“摆拍”或影棚摄影训练，尽管阅读了不计其数的经典影像，但对所谓艺术性不得要领，更注重其真实性和传播性，全部采用抓拍，也没有专门布光，多是利用自然光，所以图片存在不少瑕疵。我的笔记中记了美国摄影家利厄·本维达－瓦尔的话：“……把摄影师从展示人物内心世界的负担中解放出来，邀请读者敞开心扉接受摄影的真实性与想象力。”

陈小波在中国当代摄影访谈录中说：“一场好的对话取决问话者。在对话中，我需要站在中国历史的角度，通过摄影者的话语来了解他们在当代摄影史上扮演的角色；我还要在他们个人的立场，倾听来自他们内心的声音。”这段话可借用于我对雷锋历任班长的访谈。

我的想法是，为弘扬雷锋精神助力，为雷锋传人立像，为班长带兵做人提供借鉴，为历史留下影像文本纪录。

我做到了吗？对此不用多想，因为这只是开端，不是“毕其功于一役”。

田永清：雷锋团里话雷锋

2016年1月20日至22日，田永清将军应邀来到辽宁省抚顺市雷锋团，先后为雷锋团的干部、战士做了两场报告，又以署名的形式提了一些问题。田将军怀着对战士深厚的感情，做了书面回答。

1. 老人摔倒不敢扶，如何更好地学雷锋?

提问者：道路二连某列兵

现当今社会在高速发展，而雷锋精神的时代意义也在不断改变。在您生活的年代里，经济形式单一，人们的思想、风气都比较正派，雷锋这个典型在那个时代得到了很好的宣扬，但是现如今出现了许多行为失规，许多社会问题摆在我们面前，譬如老人摔倒了，有多少人敢扶？帮助别人抱小孩，有几个人敢让抱？作为雷锋传人的我们要如何更好地传承雷锋精神，改变这个社会不完美的一面？

答：做雷锋精神的种子，把雷锋精神广播到祖国的大地。

现在社会上的确存在一些问题，但我总认为光明面大于阴暗面，好人多于坏人。雷锋精神，人人可学。奉献爱心，处处可为。我坚信，社会上学雷锋的形势会越来越好，我们部队的官兵，特别是雷锋团的官兵，更应该走在学雷锋的前列。我从北京来之前，给雷锋班的战友写了几个字“向雷锋同志看齐”，给雷锋团的战友也写了两句话“出了雷锋学雷锋，学了雷锋出雷锋”，供同志们参考。习近平主席号召我们做雷锋精神的种子，把雷锋精神广播到祖国的大地。我相信，雷锋团的每一个战士，都会积极响应习主席的号召，做雷锋精神的种子，成为雷锋的传人。

2. 如何养成读书的好习惯？如何不去埋怨他人的过错？

提问者：道路二连某上士

我对您持之以恒的学习精神很佩服，我有时爱读书，有时烦读书。请问您有遇到不想看书，却强迫自己看书的情况吗？如何养成读书的好习惯？有时提醒自己不要埋怨他人的过错，但是自己还是很生气，该如何去释怀？

答：一个人爱读书，思想就充实，头脑中有英雄形象，就会向上、向善、向前。

雷锋精神是博大精深的，他有很多方面值得我们学习。雷锋之所以成为雷锋，其中很重要的一个原因是他酷爱读书。我与雷锋都是1960年入伍的，记得那一年，出齐了《毛泽东选集》4卷，共160篇文章。据我所知，很多领导干部也没有通读过《毛泽东选集》4卷，但雷锋却认真地通读了。雷锋还看了很多英雄模范人物的故事，包括黄继光、董存瑞、罗盛教、邱少云，以及苏联的保尔·柯察金、卓娅和舒拉等人的故事。一个人爱读书，思想就充实，头脑中有英雄形象，就会向上、向善、向前。现在有些年轻人不爱读书，热衷于上网、玩手机，浪费大量的宝贵时间，这是很不应该的。希望大家记住这样一首诗：百川东到海，何时复西归？少壮不努力，老大徒伤悲！

关于你提的第二个问题，我送你几句话，与其埋怨别人，不如改变自己，学最好的别人，做最好的自己。

3. 遇到逆境时，是否只需要等待?

提问者：桥梁二连某列兵

田将军说过，一切都有可能，一切都会过去。当我们遇到逆境时，是否只需等待时间来将这一切抹平，还是我们应该做些什么?

答：人不可能总是顺境，遇到逆境，也要正确对待。

送你两句话：苦辣酸甜都要品尝，春夏秋冬都有经历。人不可能总是顺境，遇到逆境，也要正确对待，坚信时间是抚平心灵创伤的灵丹妙药，正像人们经常说的，一切都有可能，一切都会过去。

4. 入党初衷是什么? 有什么学习经验和推荐的书?

提问者：桥梁二连某下士

将军当初入党的初衷是什么? 对于学习，将军有什么方法和经验? 对于当代青年，将军有什么推荐的书籍吗?

答：希望你们根据个人的情况，有计划、有选择地多读一些好书。

对于你提的问题，我逐一回答。

第一个问题，我是高中二年级刚到18岁的时候就光荣地参加了中国共产党，今年党龄已经57年了。我始终认为，我们党是光荣、伟大、正确的党。我始终坚信，我们党能战胜一切困难，打败一切敌人，也能纠正一切错误。因此，我始终坚信党、跟着党，为党的事业奋斗终身。

第二个问题，我几十年有两个习惯，一是日行万步路，二是夜读十页书。我每天坚持写日记，从1985年到现在，31年过去了，没有中断过一天写日记。

第三个问题，我首先建议你们，作为雷锋团的战士，要认真阅读两本书，一本书是《雷锋日记》，一本是《雷锋的故事》。毛主席、周总理都说他们也要向雷锋同志学习，我们还不应该向雷锋同志学习吗？除了这两本书，当然读书越多越好，知识面越宽越好。过去常说“开卷有益”，书籍是人类进步的阶梯。希望你们根据个人的情况，有计划、有选择地多读一些好书。也送你三句话：好读书，读书好，读好书。

5. 在人生目标面前失去了方向感，怎么办？

提问者：筑城一连某列兵

我读完大一来当兵，入伍前就读于中国农业大学，现在感觉有些迷茫，有人告诉我考军校，有人让我锻炼两年继续读大学，让原本想考军校的我突然没有了明确的目标，失去了方向感，不知道在两者之间如何抉择，感觉两者选哪一个都无所谓，真心恳求田将军给点建议。

答：只要自强不息、艰苦奋斗，无论在哪里都会有美好的前途。

有人说，人生就三个英文字母，第一个是B，出生的第一个英文字母是B；第二个是D，死亡的第一个英文字母是D；第三个是C，选择的第一个英文字母是C。说来说去，人生就这三个英文字母：B、C、D。人生是一个过程，面临一系列选择，人生在于选择，选择决定人生。至于你说的是在部队考军校，还是回地方继续读大学，建议你根据主客观情况，认真考虑，慎重抉择。我相信只要你自强不息、艰苦奋斗，无论在部队还是回地方，都可能梦想成真，有美好的前途。

6. 我们是否能参加“大雷锋”活动？

提问者：筑城一连某中士

“大雷锋”是指什么含义？我们是否也能参加“大雷锋”这项活动？

答：学雷锋要实事求是，扎扎实实，讲求实效，不要搞形式主义。

“大雷锋”概念是我前些年提出的，我当时的意思是，不能把简单地模仿雷锋当年做过的一些好事，才叫作学雷锋。更不能把3月5日走出营房给群众理发、修自行车、扫马路，才叫学雷锋。这样对学雷锋精神理解太狭窄了。当年毛主席为雷锋同志题词就是七个大字“向雷锋同志学习”。他老人家说：“学雷锋不是学他哪一两件先进事迹，也不只是学他某一方面的优点，而是要学他的好思想、好作风、好品德；学习他长期一贯地做好事而不做坏事；学习他一切从人民的利益出发，全心全意为人民服务的精神。当然，学雷锋要实事求是，扎扎实实，讲求实效，不要搞形式主义。不但普通干部、群众学雷锋，领导干部要带头学，才能形成好风气。”毛主席的这番话，不仅指出了学雷锋的方法，而且指明了雷锋身上最本质的东西，特别是指出了学雷锋的方向。十八大以来，习近平总书记也多次号召我们向雷锋同志学习，特别强调提出学雷锋要常态化。绝不能像过去有些时候那样，“雷锋叔叔没户口，三月里来四月走”，而是要人人、时时、处处向雷锋同志学习，这就是我对“大雷锋”概念的理解。冷宽将军和辽宁省雷锋研究会副会长张仲国同志对于“大雷锋”概念，有很好的阐述，建议大家看一看。

这里我再说一点，前年我到长沙，和几位同志一起去拜访中国杂交水稻之父袁隆平，这位年过八旬的老同志说，什么叫学雷锋？做好人、做好事，就是学雷锋。我很同意他的这个看法。

7. 想学习、想看书又不知如何入手，怎么办?

提问者：地爆连某列兵

现阶段的我很迷茫，想学习、想看书却又不知从何入手，希望您能给我一些建议？

答：建议养成读书的习惯，培养读书的兴趣，就会感到精神充实。

一个人要想进步，取得事业的成功，主要靠两条：一条是实践，一条是学习。建议你养成读书的习惯，培养读书的兴趣，这样你就会感到精神充实，干什么都有劲头。现在，有些年轻人不爱看书，很多宝贵时间都浪费掉了，这样以后会后悔的。朱熹有一首诗，叫《观书有感》："半亩方塘一鉴开，天光云影共徘徊。问渠哪得清如许，为有源头活水来。"毛主席老人家一生酷爱读书，我曾瞻仰过他在中南海的故居，毛主席睡的是一张大木床，一半用来睡觉，一半堆放着随时准备阅读的各种书籍和报纸杂志。毛主席是1976年9月9日去世的，9月8日这一天，他时而清醒，时而昏迷，身上插着各种管子，时刻都有生命危险，但他还是坚持看书、看文件共计11次，用时2小时50分钟。毛主席最后一次看书，是9月8日下午4：37分，离他老人家去世的1976年9月9日零点十分，只有不到8个小时！毛主席学问那么大，还真正做到了"活到老，学到老"，我们应该很好地向毛主席学习。

8. 我想做一位清官，但是总有亲戚拜托办事，怎么办?

提问者：特务连某列兵

怎样平衡好做清官与处理亲戚关系？就比如，我想做一位清官，但是总有亲戚拜托办事，如果帮忙，违反了原则，但如果不帮，亲戚肯定说闲话甚至记恨，到时候虽然做了清官，却也成了"孤家寡人"。

答：做清官是大智慧，做贪官是大笨蛋。

我与你们座谈时说过，可以不做官，但一定要做事；可以做小官，但一定要做清官。我认为，做清官是大智慧，今后什么都会有；做贪官，是大笨蛋，最后什么都会没有。汉字很有讲究，你看“贪污”这两个字，“今”“贝”为“贪”，你今天一下子想得到很多宝贝，就可能会“贪”。“污”字是三点水加个“亏”字，你老想捞油水，总有一天会吃大亏。

作家二月河说，领导干部有“硬收入”，就是你的工资、待遇，有“软收入”，就是你的名誉、地位、尊严，以及党和人民对你的信任。领导干部不要只注重“硬收入”，更要注重“软收入”。为了党和人民，为了自己，为了老婆孩子，为了子孙后代，也要当清官，不要当贪官。二月河举例说，如果指着一个人说，他是岳飞的后代，人们可能就对他肃然起敬。如果指着一个人说，他是秦桧的后代，人们就可能对他嗤之以鼻。

9. 今天，我们学雷锋做好事应该抱着什么心态?

提问者：修理连某上等兵

处于经济社会的我们，对于学雷锋做好事应该抱着什么心态？对于做好事之后，可能带来的一系列问题，我们要如何处理?

答：知雷锋是前提，爱雷锋是动力，学雷锋是行动，做雷锋是成果。

关于开展学雷锋活动，我同意中央文明委提出的三句话：学习雷锋，奉献他人，提升自己。我的体会是，谁学雷锋谁进步，谁学雷锋谁成长，谁学雷锋谁光荣，谁学雷锋谁幸福，谁学雷锋谁成功。记得我们在海南开展学雷锋活动时，海南省文明办主任对我们说：“要想身体好，常来海南岛！”我对答：“人生要成功，一定学雷锋！”

抚顺雷锋纪念馆的墙上原来有九个大字：知雷锋、学雷锋、做雷锋。我建议再加上三个字：爱雷锋。知雷锋是前提，爱雷锋是动力，学雷锋是行动，做雷锋是成果。

雷锋班从命名到现在，已经53年了，历任班长也有25位了。在这些雷锋班班长中流传着四句话：一事之前想雷锋，一事之中学雷锋，一事之后比雷锋，一生一世做雷锋。我觉得这四句话讲得很好，大家都可以这样做。

对于学雷锋做好事，有些人可能说三道四，甚至讽刺挖苦，对此，不用管他。请记住但丁这样一段话：走自己的路，让别人去说吧！

陈雅娟：永远的怀念

8月15日，这是个令我痛彻心扉的日子，是雷锋叔叔的忌日。叔叔，转瞬之间您与我阴阳两隔已经整整60年了。您虽然永远离开了我们，但您那和蔼可亲的音容笑貌，一直留存在我的脑海里与心田间，仿佛您仍然活在我们身边。

叔叔，是您告诉我们要听党话，好好学习做革命事业接班人；是您以身作则，引导我们把有限的生命投入到无限的为人民服务之中去；是您用奋不顾身的革命斗志，向我们诠释人的生命价值与意义。您是一名普通士兵，更是一名伟大的共产主义战士，全国人民尊敬您、学习您、怀念您。

在您牺牲的日子到来之际，我更加想念您。看着我与您的合影照片，想着您对我的一次次殷切教诲，我情不自禁地流下了热泪，相处时的一件件一桩桩往事，再次浮现在我的眼前。

我忘不了1962年8月13日，那是我见您最后一面的日子。那天您开车刚从铁岭返回连队，在西车场检修车况，我们几个同学去找您，您的战友喊您：“雷锋，小朋友们找你来了。”您立刻从车底下出来，摘下沾满油泥的手套，高高兴兴地和我们几个小朋友一一握手，那一刻我们像久别重逢的亲人一样开心快乐。我们向您汇报了暑期少先队学习情况，您叮嘱我们要带领大家继续努力，新学期要更加刻苦学习……当时我们特别高兴，个个喜笑颜开，那热烈的场面至今还深深印在我的脑海里。临别时，您说还要开车出趟公差，我再次对您说："叔叔，别忘了后天一定要参加我们的开学典礼大会呀！"您笑着说："放心吧！我一定赶回来参加。"

8 月 15 日那天下午，我和同学们高高兴兴地来到学校，新学期开学典礼大会就要开始了，可是没见您过来，我们有点着急。正在大家焦急等待您的时候，班上一位李姓女同学告诉我："咱们的辅导员雷锋叔叔受重伤了。"我既意外又很不解，急忙问她："你听谁说的？"她说，是她在第二人民医院工作的姐姐中午回家吃饭时说的。

当时我半信半疑，觉得这不可能是真的，可又想您一向说话算数，我心里开始忐忑不安，还是认为您不会失约，心里默默念叨：您可能有事晚来一会儿。我始终抱着一线希望，直到开学典礼大会快结束了，您仍然没有出现在我们面前。此时我心里七上八下乱糟糟的，校领导、老师在台上讲些什么，我一点也没听进去……典礼会刚结束，我和同学们撒丫子往部队跑，想尽快弄清楚您到底不来是何原因。当我们跑进部队营区，盼着能像往常一样，听到您的战友们喊您："雷锋，小朋友们找您来啦！"可是情况与以往完全不同，整个营区一片静默，没有人这样喊您，只见他们有的低头不语，有的满脸泪痕。此刻，我的心更紧张了，我们三步并作两步跑向连部，刚推开门，看见指导员高士祥。我急切地问："指导员，听说雷锋叔叔受重伤了，是真的吗？我们要见雷锋叔叔！"指导员并没有马上回答我们，他指着我们，对看上去像是上级来的首长说：“这些孩子都是雷锋生前辅导的学生。”听到“生前”二字，我立刻追问：“指导员，你说什么？雷锋叔叔他真的……”我的声音哽咽了。指导员流着泪告诉我们：“孩子们，我们的好战士，你们的好辅导员已经因公牺牲了！”顿时，同学们都失声痛哭起来……我们万万没有想到，8 月 13 日那天见面，竟是我们和您最后的告别！我们哭着说：“如果知道有今天，那天我们一定不会离开您，您今天也不会离开我们呀！”

叔叔啊，您就这样意外地离开了我们，我们还有好多话要对您说，还想听您给我们讲更多的故事，可是您就这么匆匆地走了！您可知道您走后的那些天，我们是怎么度过的？我们吃不下饭，睡不好觉，睡着了还常常被噩梦惊醒。上课时我们什么也听不进去，做什么事都无精打采，因为我们满脑子都是您，其他什么都不想，就是想念您呀！

叔叔，您还记得吗？我们初次见面是在 1961 年 9 月初的一天，那天刚开学不久，学校在望花区安装俱乐部礼堂召开聘请校外辅导员大会，您是我们的校外辅导员，我作为少先队代表为您系上了红领巾，那一刻我甭提有多高兴了！您微笑着问我叫什么名字，上几年级了。您是那么和蔼可亲，从那一刻起您的笑容便永远定格在我的脑海里。

您还记得吗？有一次我们几个同学在公园里正玩抓特务游戏，看到您走过来，我们马上围着您，有个同学歪着脑袋很自豪地问您：“叔叔，您看我们威武不？”当时您笑眯眯地说：“你们是威武了，可是小树生气了，你们把它折断做了小草帽，这怎么行呢，树苗是国家财产啊，你们要懂得爱护啊。”我和同学们都不好意思低下了头，知道我们犯错误了。打那以后，我们一直记着您的话，对一草一木可爱护了。

您还记得吗？您曾经到我们学习小组，检查我们的学习情况，要求我们认认真真做作业，还主动帮助解答我们的学习难题。

您还记得吗？您给我们讲节约箱的故事，叮嘱我们要养成勤俭节约的好习惯。

后来您还送给我们班三件宝：节约箱、针线包和储蓄箱，要我们从点滴做起，坚持不懈。您还用毛主席著作的《为人民服务》《纪念白求恩》《愚公移山》教育我们要从小读毛主席的书，听毛主席的话，做一个永远有益于人民的人！

叔叔啊！您对我的教诲我终生难忘！您常对我们说的一句话“要做一颗永不生锈的螺丝钉”已成为我一生的座右铭。

从当兵那天起我就坚定一个信念，一生以您为光辉榜样，干一行，钻一行，努力做好本职工作。1969 年我参加珍宝岛自卫反击战，在条件艰苦、任务艰巨、重重困难的情况下，我和战友们努力奋战，胜利完成了军区首长的作战指挥任务！也替您完成了参加保卫祖国战斗的夙愿！

1987 年我转业回到家乡抚顺被安排到市烟草专卖局工作，后来我还当上了烟草市场治安派出所所长，因为我牢记您的教诲，一切要以党和人民的利益为重，我做到了秉公执法，廉洁奉公，曾经有人扬言要花两万元买我的人头，要用摩托车撞死我，可我没有被吓倒。

叔叔我欣慰地告诉您，您走后的这 60 年，我始终坚持追随着您的足迹，无论是军旅生涯 20 载，还是地方工作近 20 年，我经历了人生诸多考验，平稳度过了生死关、苦乐关、荣誉关、家庭关、金钱关的考验。有人问我是什么力量让我平稳度过，我自豪地告诉他：“因为我心中永远有一个光辉的榜样——雷锋！”

叔叔您虽然离开我们60年了，但您仍然活在我们心中，您仍然是我们今天走进新时代的榜样！叔叔您知道吗？您还当选了最美奋斗者！

叔叔您放心吧！虽然我已是迟暮之年的老人，但坚持一辈子学习、践行、弘扬、传承您的伟大精神志不移！永远追随您的足迹，做一颗永不生锈的螺丝钉。

李桂臣：雷锋班的记忆

雷锋班时期的李桂臣

当时在雷锋团有一句口号是“班班学雷锋班，连连学汽车连；我向雷锋看齐，大家向我看齐”。所有的战士都很向往能到汽车连、雷锋班去工作。李桂臣说：“能够到雷锋班当一名战士，这一生就很光荣了，而当上一任班长更是令人向往的事。”雷锋班要求很高，除了专业对口、学历要求和表现出色以外，还要经过层层选拔才有机会进入到雷锋班，在雷锋班当战士也并不是一选定终身，表现不好的随时被淘汰出局。1998 年 1 月选入汽车连后，李桂臣觉得有了进入雷锋班的机会，一定要把握住机会、一定要努力、一定要留雷锋班。最终，通过优异的表现，他留在了雷锋班，一干就是 7 年多。2002 年，经过部队的比武考核后，李桂臣竞选为第 21 任雷锋班班长。“在雷锋班里一直保留着雷锋铺，上面整齐地放着雷锋用过的被子、帽子、腰带、衣服、挎包。”李桂臣说，作为班长，他睡在副班长的铺位上，雷锋铺始终在班长的位置上。每天班里同志们都抢着为雷锋老班长整理床铺，“连队每天晚上点名，第一个点到的名字就是雷锋，全体答到”。对于雷锋班的同志来说，雷锋仿佛就在身边，雷锋老班长从未离开过这个集体，时刻和大家生活和战斗在一起，在工作中、学习上、生活里的点点滴滴中激励和影响着一茬又一茬的雷锋班战士们。李桂臣感慨地说：“班长一任，光荣一生，责任一生。从此我的名字和雷锋紧紧联系在了一起，这是我一辈子的光荣。”

“单丝不成线，独木不成林”“如果你是一滴水，你是否滋润了一寸土地？”这些《雷锋日记》里的词句，李桂臣非常熟悉。“有时我在想，如果我是一滴水，是否愿意滋润脚下的一片土地？”作为雷锋班班长，有义务了解雷锋、学习雷锋、传承雷锋。“在部队里我们每天晚上都要阅读、学习和雷锋有关的书籍，并进行讨论和交流。”“那个时候，雷锋班每天都会收到很多通过邮局寄来的信，最多时一天能有五百多封，平均每天都得有百八十封。”李桂臣说，那个时候和战士们每天无论工作多忙多累，晚上都会抽空看信和给群众回信。“平均每个战士都要回十封信左右。”为此，李桂臣和战士们不但注意回信的内容，还为此注意把字练好，把雷锋故事讲述好，把雷锋精神发扬好，这成了他们的一种责任。而对于他和战士们来说，通过读信、回信，感受到了雷锋精神的伟大，也促进了个人的学习和成长，同时也更加深入地走进雷锋的世界。在不断的学习过程中，李桂臣自己也不断感悟和提炼着雷锋精神的内涵。“雷锋从少年时期就明白人生有三件大事：加入少先队，加入共青团，加入共产党。他定下了这个目标，就按照这个目标去一步步实现。”李桂臣说，雷锋不是生来就那么“强大”，20岁参军时他曾因为体检不合格差点当不上兵，在苦练杀敌本领的过程中，一开始投弹等训练都不合格，但凭着自己的坚持与执着，最终成长为一名合格的战士，努力拼搏是雷锋精神的内涵之一。

中国不只有功夫，还有雷锋

2004 年，李桂臣带领雷锋班随部队远赴非洲利比里亚，参加了为期 10 个月的利维和任务。来到艰苦的西非大地，作为雷锋班班长的李桂臣也把这个中国英雄的故事，讲给了那里的青年和孩子们。“作为雷锋的部队，我们去利比里亚之前就准备了一些有关雷锋的书籍、日记（上面的内容都有中英文的对照），雷锋铜板像和由 120 幅雷锋照片制成的展板。作为雷锋的传人，远在异国他乡也不能忘记传播雷锋助人为乐的精神，平日里官兵们修路、架桥、修筑营地、修建机场等任务，有时还为当地居民修建水井，治病救人，有时也为条件艰苦的孩子们送上食物和水。有时，官兵们走进那里的学校，为孩子们送上一些学习用品和雷锋故事书。在维和期间共向 21 所大中小学赠送了雷锋铜板像和印着‘传播雷锋精神，维护世界和平’的文化衫，在当地人民心中播撒雷锋精神的种子。”“一开始，那里的孩子们特别崇拜中国功夫，非常喜欢李小龙、李连杰、成龙的电影，对雷锋的事迹一点也不知道。而我们把雷锋的事迹故事讲给了他们，用实际行动践行雷锋精神，维护世界和平。”为了更好地传播雷锋精神，展示中国军队威武之师、文明之师形象，利用维和任务间隙，他们自己动手，建立了雷锋展室，期间共接待了 8 个国家的 5 位将军、60 多位军事、文职军官和近千名当地群众。通过一段时间的交流，李桂臣和战友们让那里的青年和孩子们了解了雷锋是谁，同时还搞起了雷锋故事演讲会。“一个非洲学生，用刚刚学会的一点中国话，背诵了一段《雷锋日记》，这让我很是感动。”李桂臣回忆，当得知中国的维和军人们要撤走的时候，一些非洲朋友步行半个多月来到机场送别。大吉达省举行了盛大欢送仪式，赠送了“中国雷锋永恒”的友好牌匾。助人为乐的精神跨越国界、种族、语言，把人们紧紧地联系在了一起。利比里亚维和任务是李桂臣军旅生涯的一段重要经历，后来李桂臣从一名战士成长为了一名军官。2009年，因为工作调动，李桂臣从原沈阳军区调来青岛某海防团。2016年，他又成了海军陆战队的一员，作为一名海军陆战队的指挥军官又服役了三年多，最终在青岛结束了自己24年的军旅生涯。

给00后大学生们，讲好雷锋故事

“我和黄海学院有着雷锋之缘，2013年就第一次来学校做了讲座，这里的学雷锋氛围很好。”离开部队后，李桂臣选择自主择业来到了青岛黄海学院武装部工作，平日里进行校园国防教育、大学生征兵、军事技能训练、雷锋精神宣讲等。黄海学院有着优良的学雷锋传统。2012年，学院投资100多万元建成了国内高校第一个雷锋纪念馆，面积300余平方米，收集了雷锋珍贵图片、原声音频资料等400多件，中外文版本学雷锋书籍、宣传品等150余件。为加强对雷锋精神的研究，学校与雷锋生前所在团达成军校共建协议，与辽宁省抚顺市雷锋讲坛达成协议，设立雷锋讲坛青岛黄海学院分坛，成为全国第二家设立该分坛的院校。同时，学校雷锋纪念馆对社会免费开放，累计接待企事业单位、大中小学及周边社区群众参观15万人次。“第一任、第二任、第四任等雷锋班班长都来过我们学校做讲座。”李桂臣说，自己作为雷锋班的第二十一任班长，能够来这样一所发扬雷锋精神的校园工作也是一种缘分。“每年新生入校都会搞学雷锋启动仪式，3月份还会搞学雷锋表彰活动。”李桂臣表示，学校学雷锋氛围浓厚，这么多年一直坚持与延续了下来。如今在学校的雷锋纪念馆里，李桂臣指着墙上的一张张照片，可以讲出很多关于雷锋的故事。“雷锋可是一个比较时尚的青年，他喜欢拍照。”面对着雷锋当兵前的一张照片，李桂臣笑着说，“那时候的雷锋还留着一点偏分头型，系着一条围巾，他面带笑容，目光炯炯，看起来那么阳光和自信。”在李桂臣的眼里，英雄是活生生的。作为一个身高1米54，体重不到50公斤的小个子，雷锋有着他独特的个人魅力。凭着对雷锋的深入了解，在李桂臣的讲解下，雷锋的人物形象变得立体和生动起来。“雷锋出差一千里，好事做了一火车。”李桂臣总是为好奇的人们讲着雷锋一件件助人为乐的故事，把他那种为人民服务的精神传承与发扬下去。“有时也会有学生问，雷锋离我们那么远，雷锋精神是否会过时。”李桂臣说，面对着如今这代00后们，他会始终以一个老班长的身份，用自己的人生经历告诉他们，雷锋精神永远是宝贵的，而许多学生们平日所做的那一件件好事，也正是践行雷锋精神的最好体现。

第二章　雷锋传人印迹

张兴吉（雷锋班第一任班长）

张兴吉，1959 年入伍，1960 年担任雷锋班班长。1963 年 1 月国防部授予“雷锋班”荣誉称号，他代表全班战士接过那面鲜艳的旗帜。其后任排长、连长等职，并当选全国人大代表。1972 年转业，2017 年因病去世，享年 77 岁。

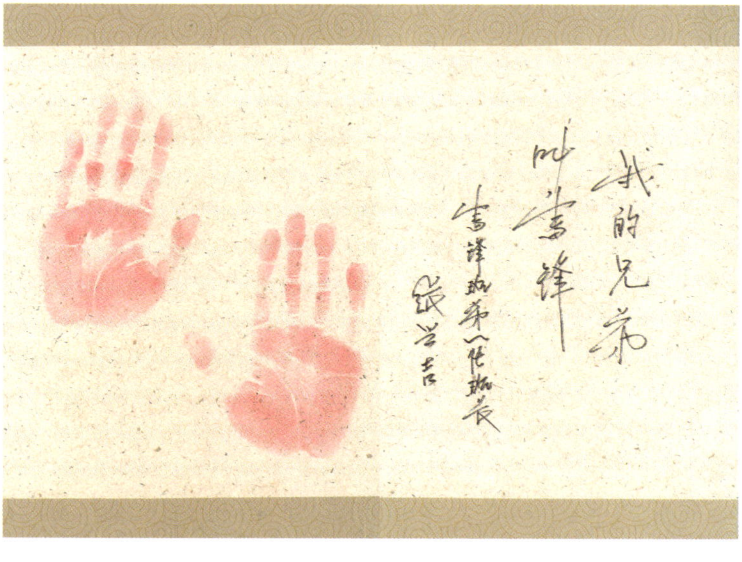

张兴吉印迹与题书：我的兄弟叫雷锋

庞春学（雷锋班第二任班长）

庞春学，1960 年与雷锋同期入伍，1964 年任雷锋班班长，后任排长、连长、机械大队副队长、后勤运输股股长等职。曾立二等功 2 次。1982 年转业，曾任辽阳市司法局纪委副书记，现任辽阳市雷锋战友报告团团长。

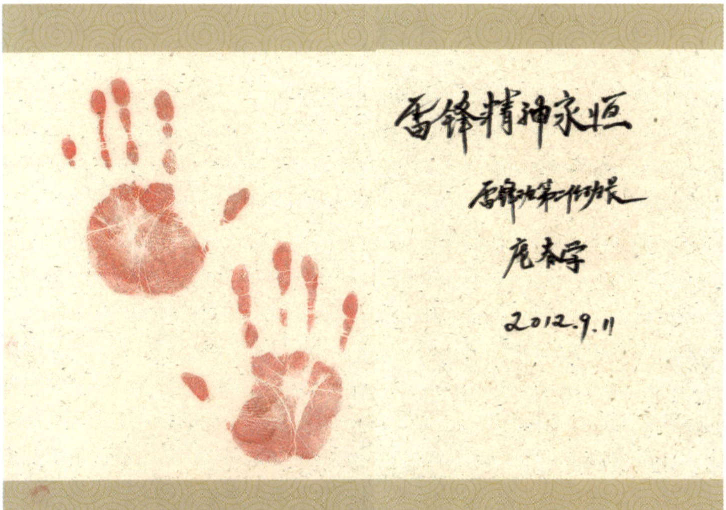

庞春学印迹与题书：雷锋精神永恒

于泉洋（雷锋班第三任班长）

于泉洋，1960年与雷锋同期入伍，1965年任雷锋班班长，后任副连长、副营长、副团长等职。曾荣立三等功，多次被评为“学雷锋标兵”，参加国庆观礼，受到毛泽东、周恩来等中央领导的接见。1985年转业，曾任辽阳化纤公司客车队党支部书记、辽化运输处处长等职。

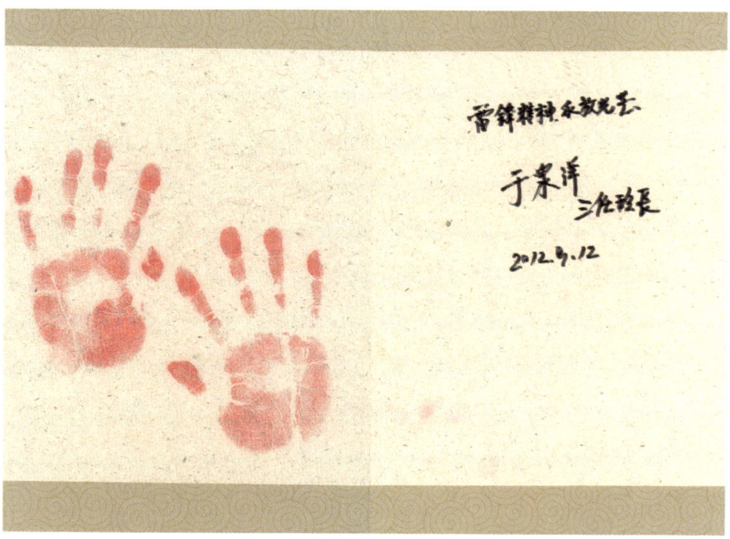

于泉洋印迹与题书：雷锋精神永放光芒

曲建文（雷锋班第四任班长）

曲建文，1963 年入伍，1966 年任雷锋班班长，后任排长、指导员、团政治处主任、副团长等职务。曾荣获“学雷锋积极分子”称号，受到毛泽东、周恩来、朱德等中央领导的接见。1983 年转业，曾任枣庄市建筑公司副经理，被山东省委命名为“青少年良师益友”“山东省优秀政治工作者”。

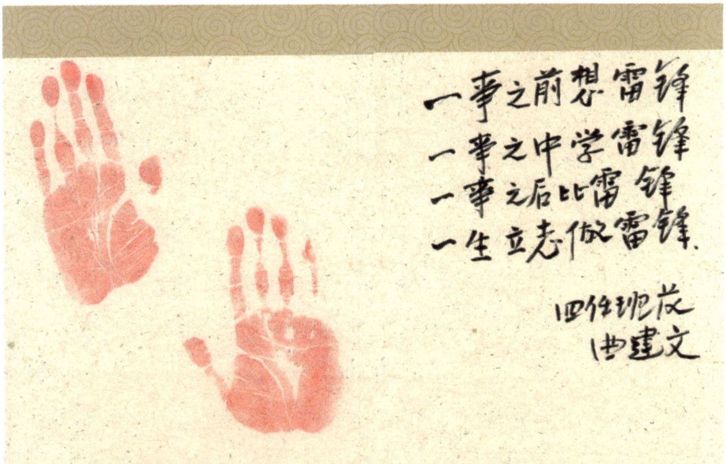

曲建文印迹与题书：一生立志做雷锋

杨东顺（雷锋班第五任班长）

杨东顺，1963 年入伍，1967 年任雷锋班班长，后任排长、干事、股长、指导员、教导员等职务。先后 8 次立功受奖，受到毛泽东、周恩来、聂荣臻等中央领导的接见。1982 年转业，曾在沈阳市长途客运公司、中国人民保险公司沈阳分公司工作，荣获“沈阳市优秀共产党员”称号。

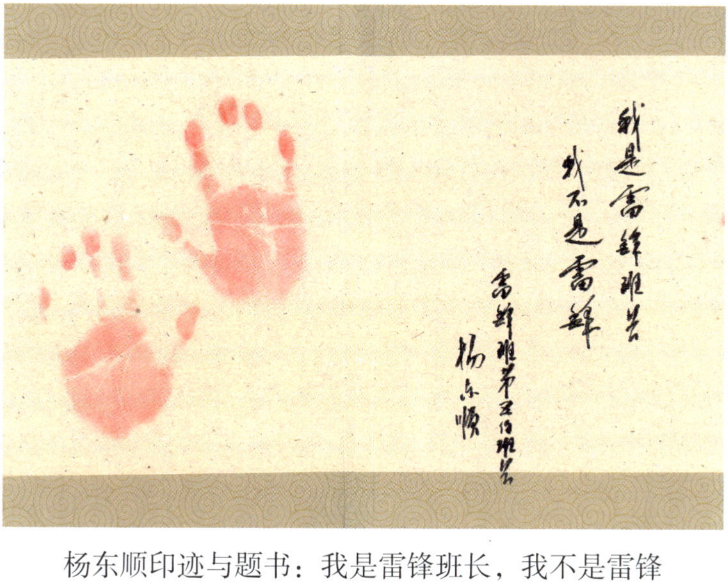

杨东顺印迹与题书：我是雷锋班长，我不是雷锋

周方和（雷锋班第六任班长）

周方和，1968 年入伍，1969 年任雷锋班班长，后任排长、连副指导员。8 次立功受奖，被评为“全军学雷锋积极分子”，当选全国第四届人大代表，多次参加学雷锋报告会，1969 年参加国庆观礼。1979 年转业，曾任黑龙江省庆安县计生办主任。

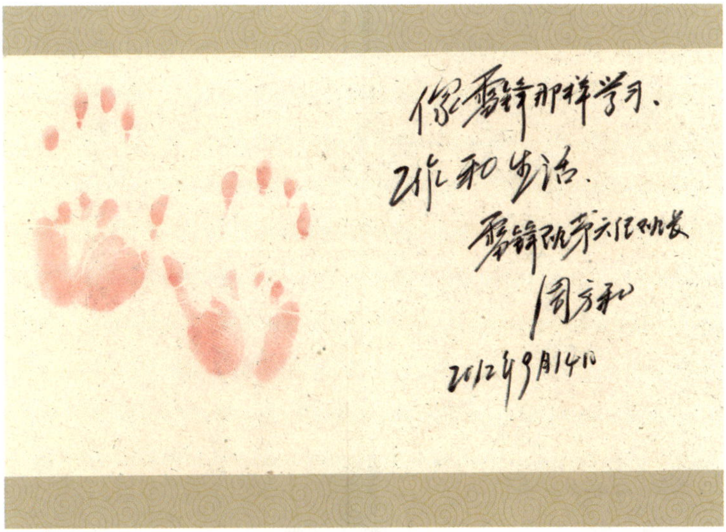

周方和印迹与题书：像雷锋那样学习、工作和生活

张思荣（雷锋班第七任班长）

张思荣，1968 年入伍，1972 年任雷锋班班长，后任排长、汽车队队长等职。8 次立功受奖。1976 年转业，曾任黑龙江省木兰县政府办公室主任。在雷锋班最深刻的体会：人活着就是为了使他人生活得更美好。

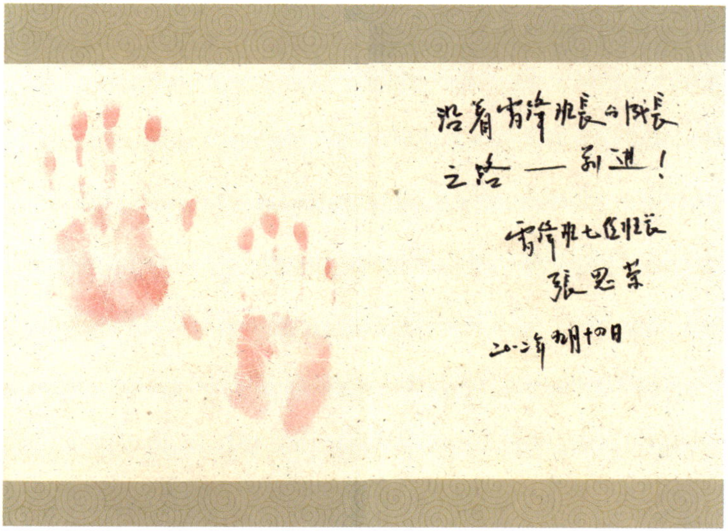

张思荣印迹与题书：沿着雷锋班长的成长之路——前进

曾树林（雷锋班第八任班长）

曾树林，1970 年入伍，1975 年任雷锋班班长，后任排长、指导员、团政治处干事等职。曾 7 次立功受奖，被推选为全国人大代表。1984 年转业，曾任四川省粮食厅产业发展处处长。在传承雷锋精神的过程中不断去感悟人生。

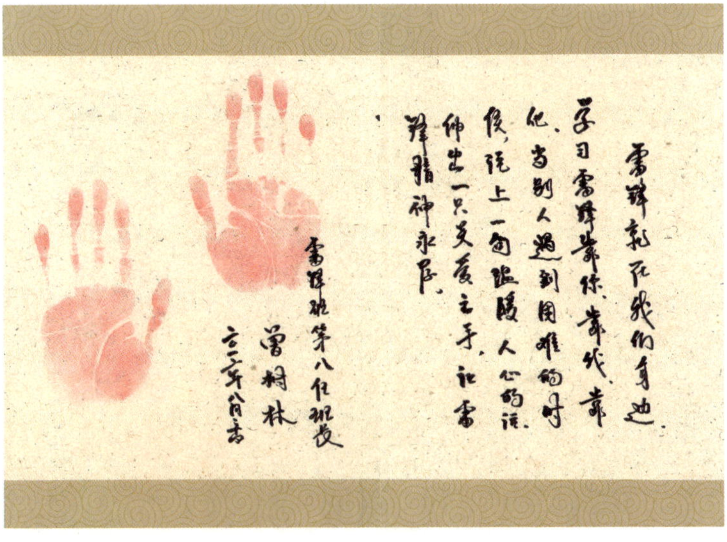

曾树林印迹与题书：雷锋就在我们身边

祝星发（雷锋班第九任班长）

祝星发，1972年入伍，1976年任雷锋班班长，后任排长、指导员、股长、团政治处主任等职。曾荣立三等功2次，多次受到部队嘉奖。1992年转业，曾任四川省犍为县地税局基建处处长，局党委书记。2008年北京奥运会被推举为火炬手。

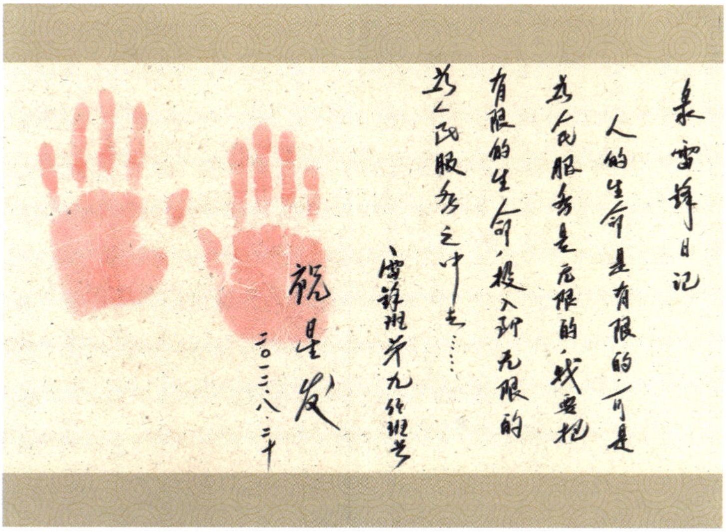

祝星发印迹与题书：题《雷锋日记》句

杨宗波（雷锋班第十任班长）

杨宗波，1974 年入伍，1978 年任雷锋班班长，后任排长、指导员等职。先后 10 次立功受奖。1986 年转业，在内蒙古自治区阿鲁科尔沁旗委组织部工作，曾被评为“内蒙古自治区先进工作者”，2001 年去世。

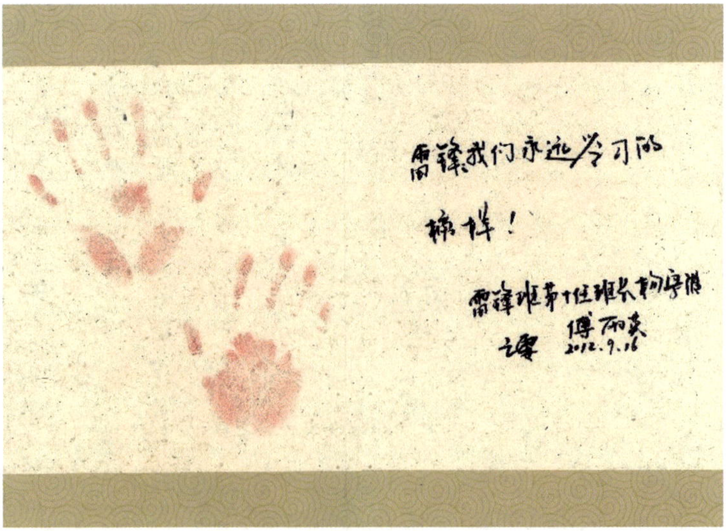

傅丽英（杨宗波之妻）印迹与题书：雷锋，我们永远学习的榜样

宋若波（雷锋班第十一任班长）

宋若波，1976 年入伍，1979 年任雷锋班班长，后任排长、指导员、教导员、政治处主任、团政委、解放军重庆通信学院政委等职。荣立三等功 2 次，大校军衔。出版《雷锋班里的新故事》等专著，多次被评为“优秀共产党员”“学雷锋标兵”。

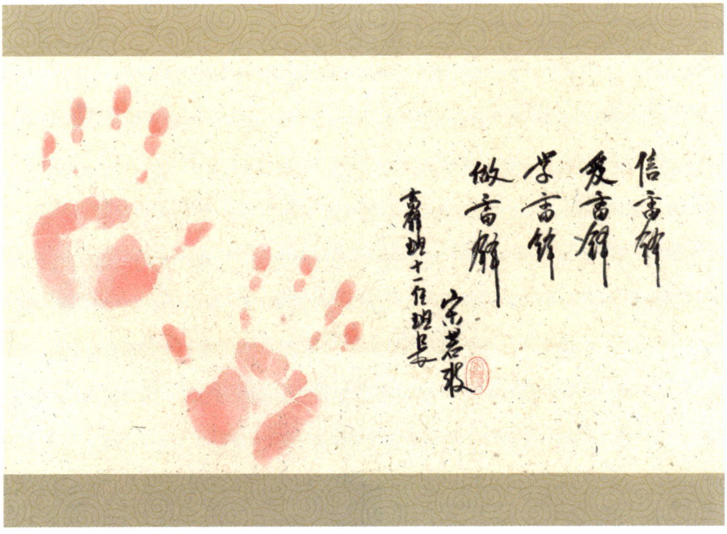

宋若波印迹与题书：信雷锋，爱雷锋，学雷锋，做雷锋

马洪刚（雷锋班第十二任班长）

马洪刚，1977 年入伍，1980 年任雷锋班班长，后任排长、连长等职。荣立三等功 1 次，多次被评为“学雷锋标兵”。由于部队精兵整编，多次调动工作岗位，服从组织安排，顾全大局。1988 年转业，曾任吉林省桦甸市洪石林业局运转处主任、处长等职。

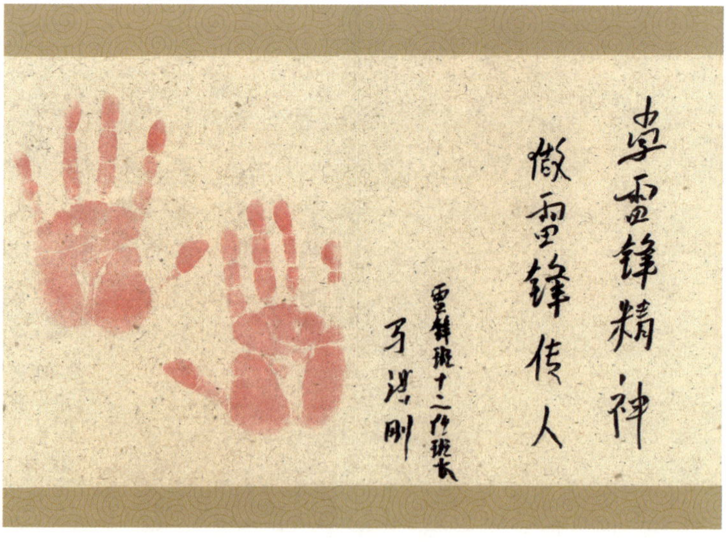

马洪刚印迹与题书：学雷锋精神，做雷锋传人

王显荣（雷锋班第十三任班长）

王显荣，1978 年入伍，1982 年任雷锋班班长，后任排长、连长、教导员等职。多次受到部队嘉奖，被评为“学雷锋标兵”。先后担任全国 20 多所大中小学校的校外辅导员。

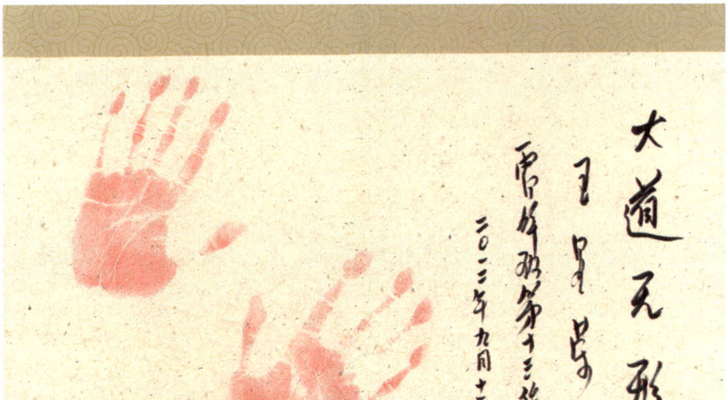

王显荣印迹与题书：大道无形

李仕库（雷锋班第十五任班长）

李仕库，1982 年入伍，1985 年任雷锋班班长，后任排长、副连长。到全国各地做雷锋报告 200 多场次，出席全军劳模和全国劳模代表大会，被评为“全军优秀班长”。荣立三等功 1 次，3 次获得银质“学雷锋荣誉章”。曾任沈阳军区干休所副处级助理员。

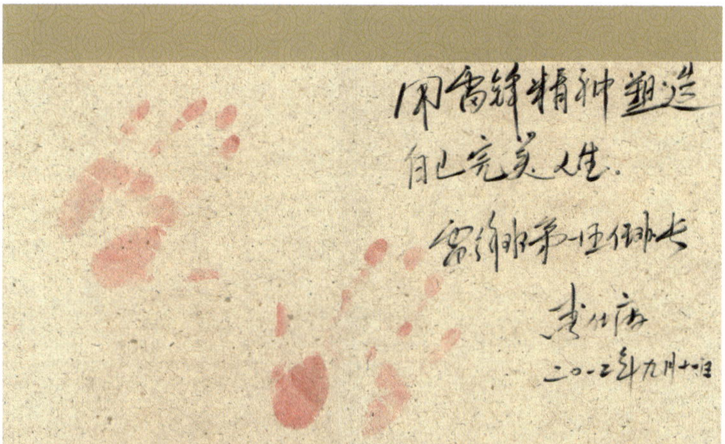

李仕库印迹与题书：用雷锋精神塑造自己完美人生

朱　华（雷锋班第十六任班长）

朱华，1984年入伍，1988年任雷锋班班长。1990年沈阳军区授予金质“学雷锋荣誉章”。荣立一等功1次，三等功1次。多次参加学雷锋座谈会，受到江泽民、李鹏等中央领导的接见。2000年转业，曾在抚顺市国税局第三稽查局工作。

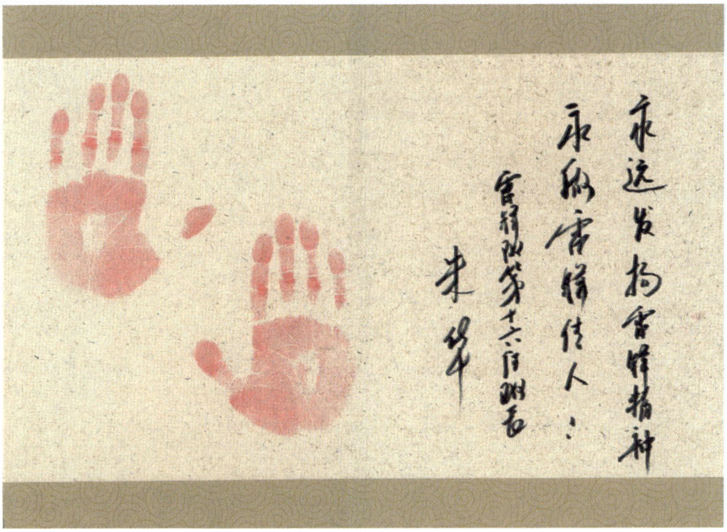

朱华印迹与题书：永远发扬雷锋精神，永做雷锋传人

郑金宝（雷锋班第十七任班长）

郑金宝，1986 年入伍，1990 年任雷锋班班长。带领雷锋班荣立集体一等功，个人荣立三等功 2 次。1991 年荣获沈阳军区颁发的铜质“学雷锋荣誉章”。1990 年 10 月 29 日，在抚顺雷锋纪念馆带领全班受到江泽民总书记的接见。2000 年转业，曾任抚顺职业技术学院招生办主任。

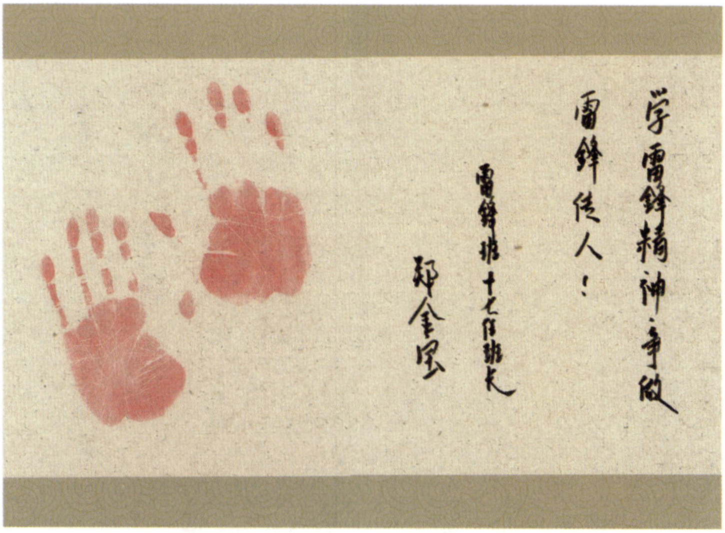

郑金宝印迹与题书：学雷锋精神，争做雷锋传人

赵宏光（雷锋班第十八任班长）

赵宏光，1987 年入伍，1993 年任雷锋班班长。1994 年 10 月 1 日，受邀参加建国 45 周年晋京观礼。荣立二等功 1 次，三等功 5 次。获沈阳军区颁发的铜质“学雷锋荣誉章”，并被评为“优秀共产党员”“学雷锋标兵”。曾任某部政治教导员、政委等职。

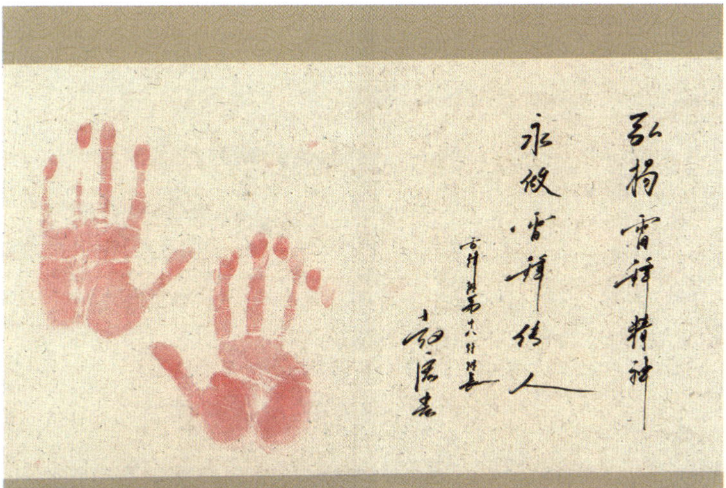

赵宏光印迹与题书：弘扬雷锋精神，永做雷锋传人

李有宝（雷锋班第十九任班长）

李有宝，1990年入伍，1995年任雷锋班班长，后任排长、连长、助理员、组织干事等职。荣立二等功1次，三等功2次。被评为“学雷锋标兵”，并荣获“一级星星火炬奖章”。曾参加联合国维和行动，被联合国授予“国际维和荣誉勋章”。2008年转业，在抚顺市人民政府任职。

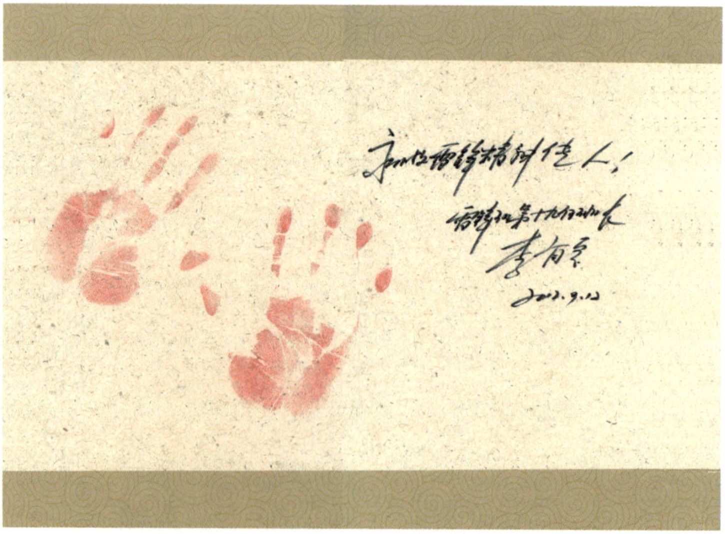

李有宝印迹与题书：永做雷锋精神传人

齐　兵（雷锋班第二十任班长）

齐兵，1995年入伍，1998年任雷锋班班长。荣立一等功1次，二等功1次，三等功4次。先后荣获“扶贫希望工程先进个人”“红旗车驾驶员”“班长标兵”等称号，曾当选全国第四次少代会代表。2003年后，任团后勤处协理员、装备处运输助理。

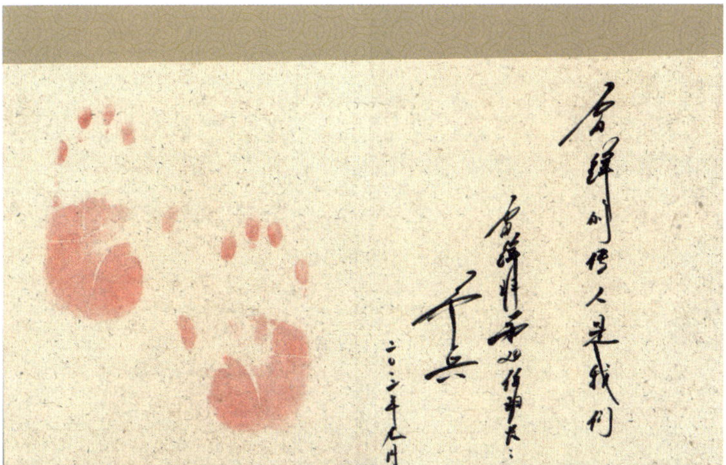

齐兵印迹与题书：雷锋的传人是我们

李桂臣（雷锋班第二十一任班长）

李桂臣，1996 年入伍，2002 年任雷锋班班长，后任排长、指导员、股长等职。荣立三等功 1 次，多次参加学雷锋座谈会。荣获“学雷锋标兵”“优秀共产党员”称号。2003 年当选共青团第十五届代表，2004 年执行联合国维和行动。在这个集体中，让他懂得了怎样做人。

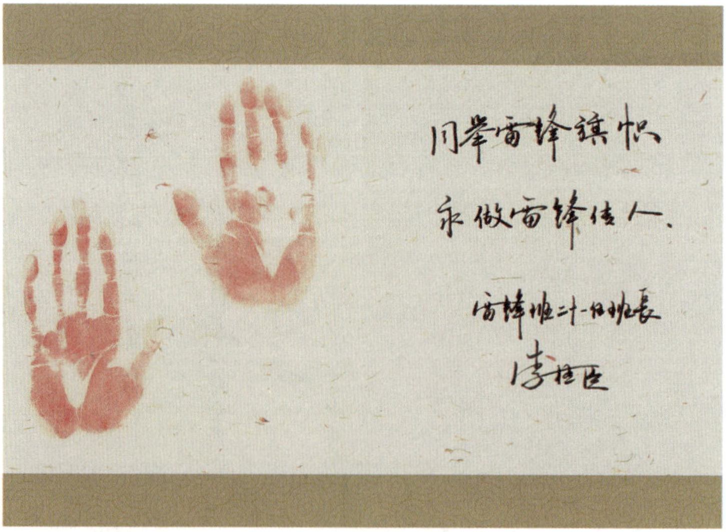

李桂臣印迹与题书：同举雷锋旗帜，永做雷锋传人

吴锡有（雷锋班第二十二任班长）

吴锡有，1996 年入伍，2005 年任雷锋班班长。5 次荣立三等功，荣获银质“学雷锋荣誉章”，被评为“优秀共产党员”“器材革新先进个人”。2005 年作为校外辅导员参加全国第五届少代会，受到胡锦涛等中央领导的接见，尉官军衔。

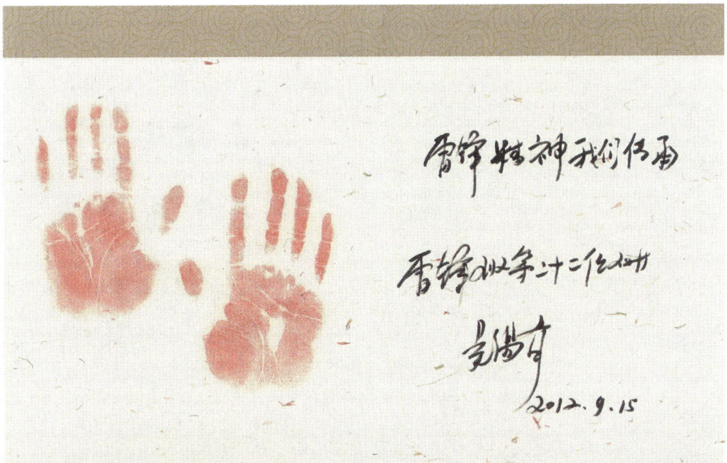

吴锡有印迹与题书：雷锋精神，我们传承

薛步瑞（雷锋班第二十三任班长）

薛步瑞，2002年入伍，2005年任雷锋班班长。荣立三等功1次。2008年荣获“军区红旗车驾驶员标兵”“全军红旗车驾驶员标兵”“优秀士官”“学雷锋先进个人”等称号。2007年当选共青团中央“中国青年群英会”英模代表。曾任连长，尉官军衔。

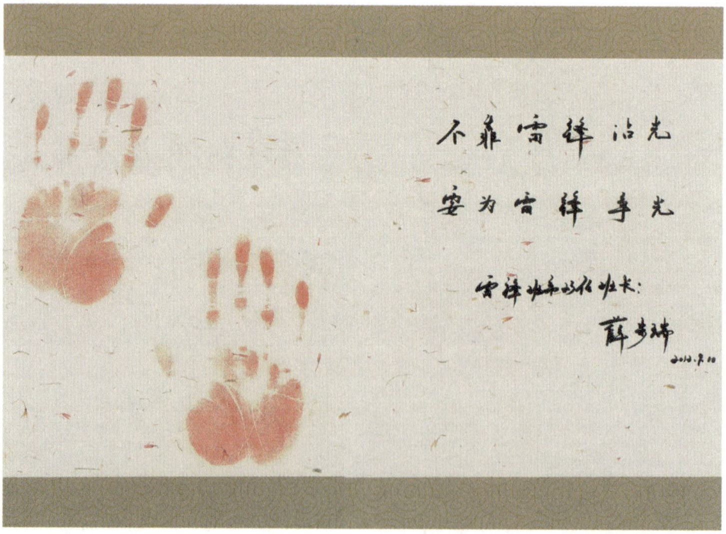

薛步瑞印迹与题书：不靠雷锋沾光，要为雷锋争光

黄帮维（雷锋班第二十四任班长）

黄帮维，2004 年入伍，2009 年任雷锋班班长。荣立三等功 1 次。荣获铜质“学雷锋荣誉章”，并被评为“优秀共青团员”“爱军精武标兵”“学雷锋标兵”。2008 年参加北京奥运会安保任务，2009 年参加中俄反恐军事演习。2012 年被评为全军“学习成才标兵”、全军“创新争优优秀共产党员”。

黄帮维印迹与题书：坚定信念学雷锋，立足本职做雷锋

李峰威（雷锋班副班长）

李峰威，雷锋生前所在部队雷锋班原副班长、雷锋班班歌作者。现为中建－大成建筑有限责任公司总经理助理、工会副主席，北京市通州区政协李峰威学雷锋志愿服务委员工作室负责人。荣立三等功 1 次。曾荣获首都精神文明建设奖，多次受到习近平等党和国家领导人亲切接见。

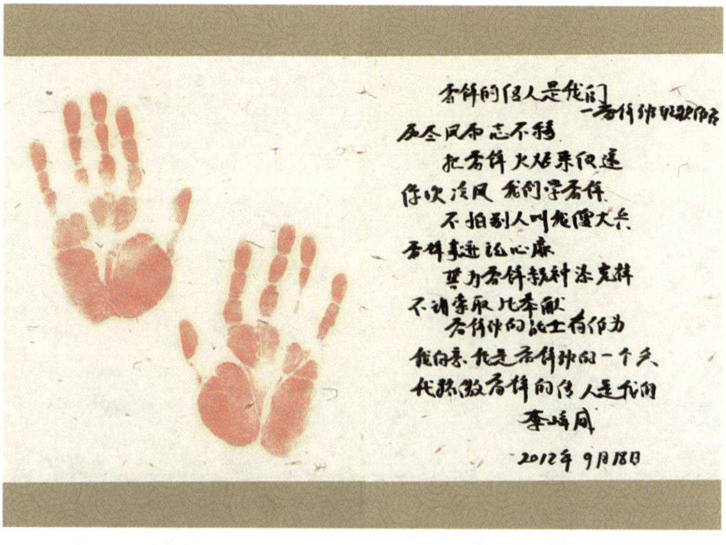

李峰威掌印题记：《雷锋的传人是我们》（雷锋班班歌）

宋清梅（“编外雷锋团”团长）

宋清梅，1960 年与雷锋同年入伍成为战友，并担任雷锋生前所在团第九任团长，曾任邓州市文明办副主任。1997 年 4 月至今，任邓州“编外雷锋团”团长一职。曾获“河南省优秀共产党员”“全国离退休干部先进个人”“全国优秀党务工作者”等荣誉称号。他率领的邓州“编外雷锋团”，被中宣部四部委命名为“全国学雷锋志愿服务先进集体”。

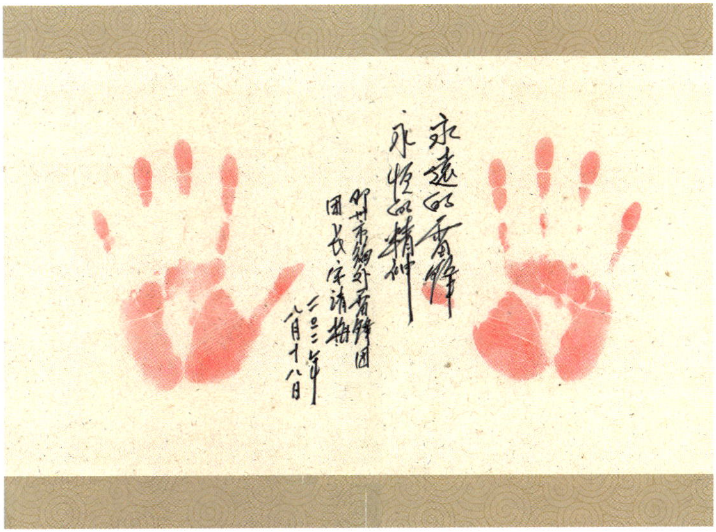

宋清梅印迹与题书：永远的雷锋，永恒的精神

姚德奇（“编外雷锋团”政委）

姚德奇，1960年与雷锋同年入伍，同在一个连当兵，为雷锋生前战友，后任团政治处主任。转业地方后，长期践行雷锋精神。1997年与战友宋清梅共同创立“编外雷锋团”，并担任该团政委一职，誓志“精忠报国献青春”。他年过八旬，学雷锋，做雷锋，宣传雷锋，成为时代楷模。

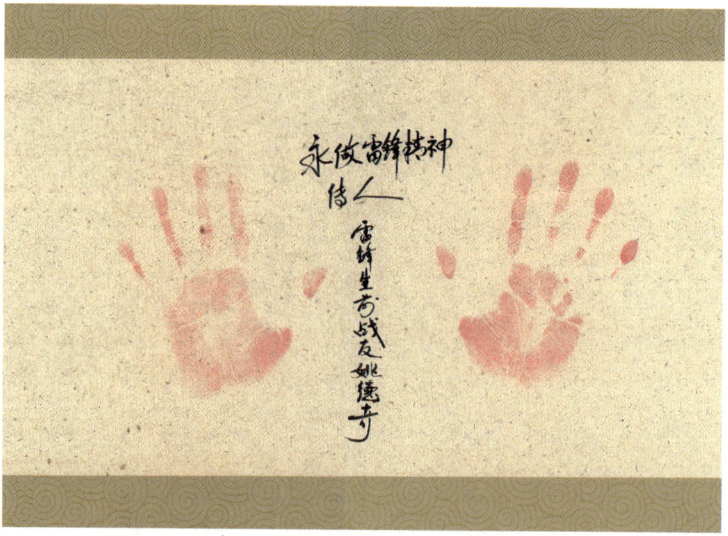

姚德奇印迹与题书：永做雷锋精神传人

薛三元（雷锋生前战友）

薛三元，雷锋生前战友。60多年前曾与雷锋同在一个班排，一个连队，共同生活战斗了两年有余，曾任雷锋首任班长与排长。他目睹了雷锋在部队培养和学习时刻苦钻研的“钉子精神”，亲眼看到鲜活的雷锋故事和成长过程，见证了雷锋很多助人为乐的好人好事，多次参加雷锋精神座谈会与报告会。

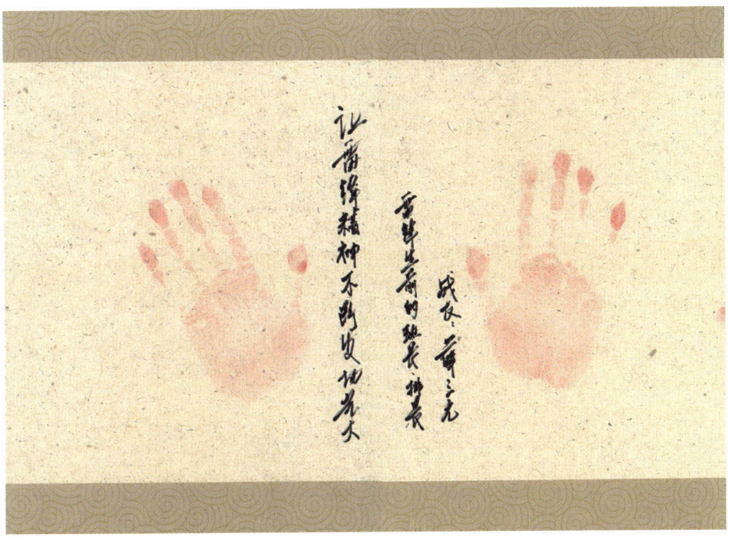

薛三元印迹与题书：让雷锋精神不断发扬光大

冯　健（雷锋生前好友）

冯健，雷锋生前好友。全国青年社会主义建设积极分子，湖南省劳动模范，优秀共产党员，3 次受到毛主席等中央领导亲切接见。雷锋在高小毕业时在黑板上留言：“像冯健姐姐一样，当一个有出息的新式农民。”雷锋参加工作后，亲切地称她为“健姐”，视冯健为学习的榜样。今日，历任雷锋班班长尊称她为“冯大姐”。曾担任湖南省总工会副主席。

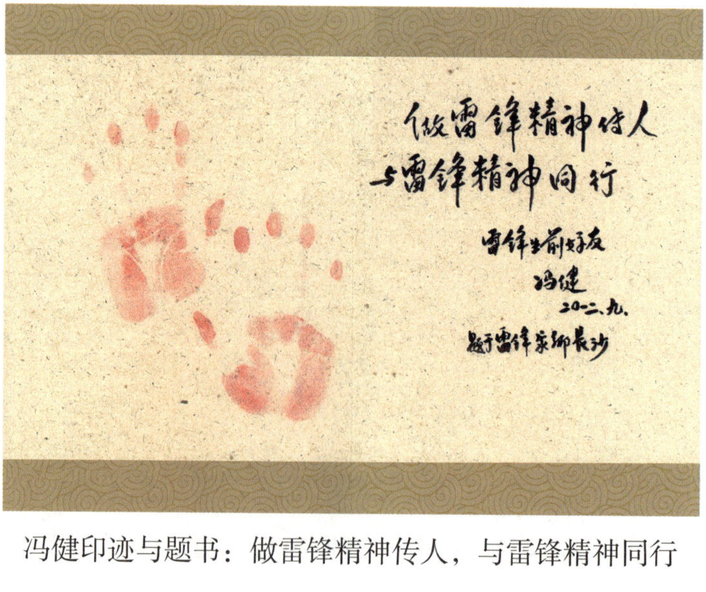

冯健印迹与题书：做雷锋精神传人，与雷锋精神同行

孙桂琴（雷锋辅导过的学生）

孙桂琴，雷锋生前辅导的学生。1970 年入伍，46 年的军旅生涯中，14 次被军以上单位评为学雷锋标兵与先进个人，荣立二等功 2 次，三等功 3 次。她的家庭被评为全国“五好文明家庭”，个人被评为“全军好军嫂”、辽宁省“好母亲”，并获得“热爱儿童奖”。退休后仍坚持宣传雷锋精神，她感悟：“雷锋是我的人生路标。”

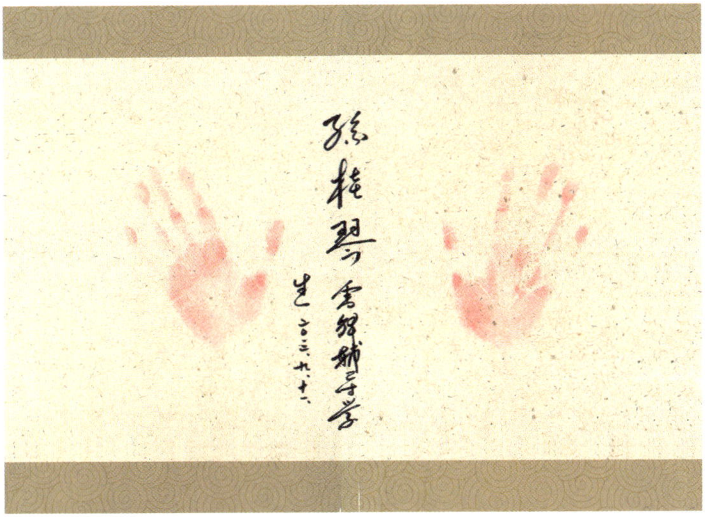

孙桂琴印迹与题书：孙桂琴，雷锋辅导学生

陈雅娟（雷锋辅导过的学生）

陈雅娟，雷锋生前辅导的学生。毕业于辽宁师范大学。曾在部队任职，转业后曾担任辽宁省抚顺市烟草专卖局副局长，抚顺市学雷锋典型联谊会常务副会长。荣获沈阳军区司令部颁发的“学雷锋标兵”，地方颁发的“全国模范转业干部”等称号。最令她感到自豪的始终是“雷锋辅导过的学生”这一称号。

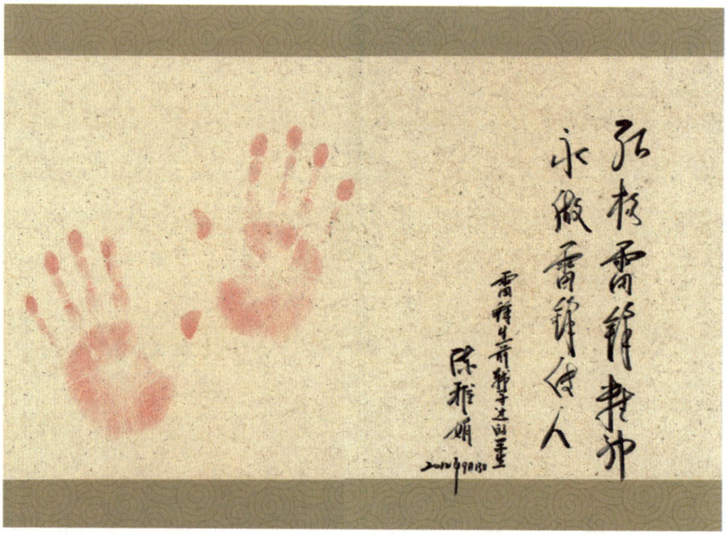

陈雅娟印迹与题书：弘扬雷锋精神，永做雷锋传人

宋志永（全国助人为乐模范）

宋志永，河北省唐山市玉田县八里铺村村民。感动中国十大人物，全国五四标兵，曾荣获“抗震救灾特殊贡献奖”，被评为“全国助人为乐模范”，是“唐山十三农民兄弟”代表人物。

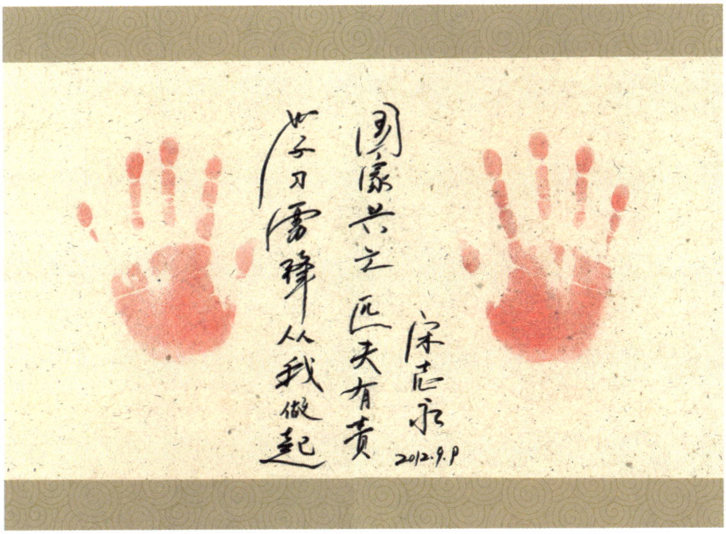

宋志永印迹与题书：学习雷锋从我做起，国家兴亡匹夫有责

孙茂芳（全国道德模范）

孙茂芳，人称“京城活雷锋”。一等功臣，曾任北京军区总医院副政委。40 多年来坚持学雷锋、做雷锋，用实际行动诠释了一名共产党员的高风亮节。2013 年被评为第四届全国道德模范——全国助人为乐模范，受到习近平等中央领导的亲切接见。

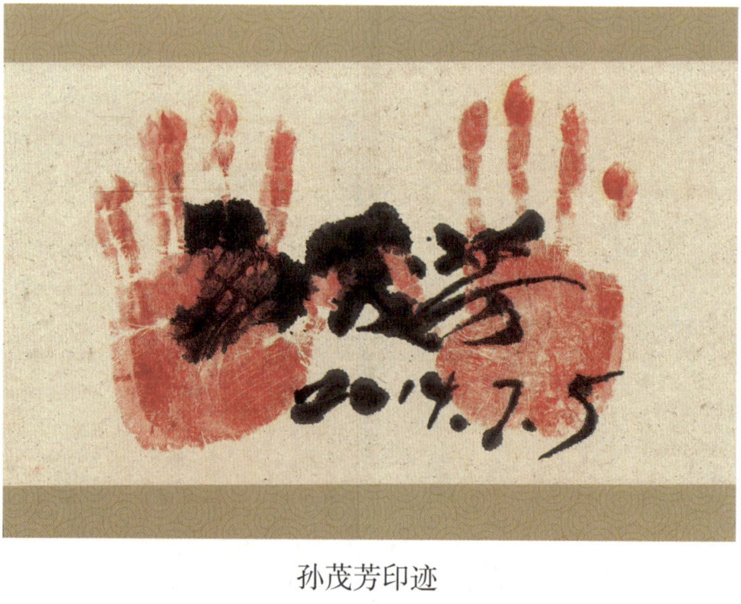

孙茂芳印迹

第三章　雷锋传人题记

冷　宽　高学敏题记

冷　宽（雷锋生前战友　中将军衔）题记：留住雷锋

高学敏（全国学雷锋基金管委会执行主任　少将军衔）题记：永远学雷锋

虞仁昌　乔安山题记

虞仁昌（雷锋生前连长）题记：向雷锋学习

乔安山（雷锋生前战友）题记：永学雷锋

张兴吉　庞春学题记

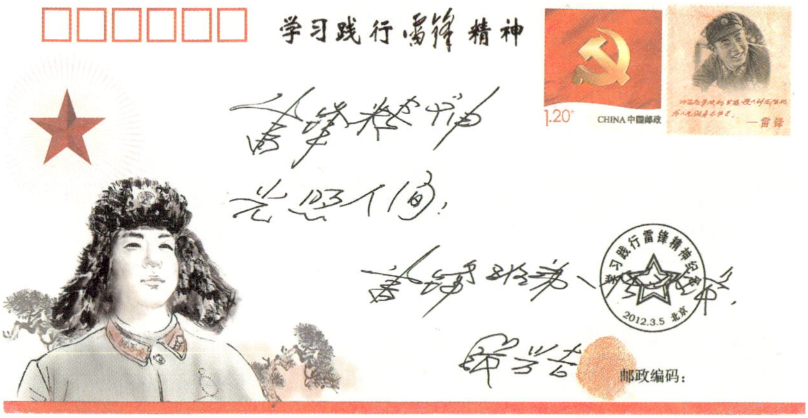

张兴吉（雷锋班第一任班长）题记：雷锋精神光照人间

庞春学（雷锋班第二任班长）题记：雷锋精神永放光芒

于泉洋　曲建文题记

于泉洋（雷锋班第三任班长）题记：学习雷锋

曲建文（雷锋班第四任班长）题记：一辈子学习宣传雷锋精神

杨东顺　周方和题记

杨东顺（雷锋班第五任班长）题记：雷锋，我们永远的榜样

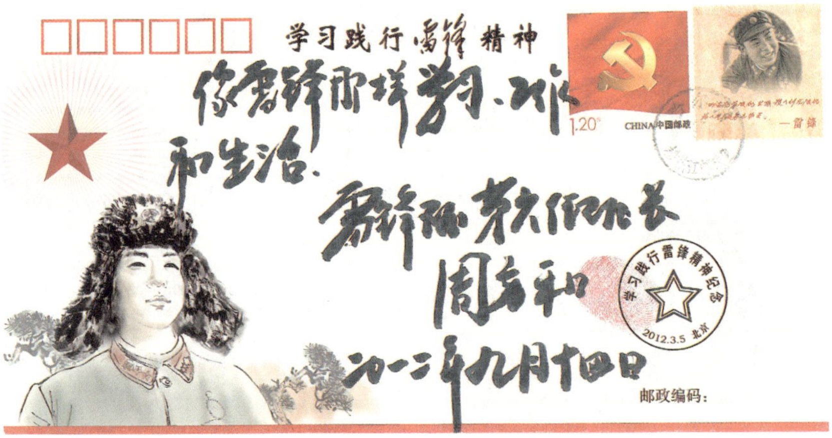

周方和（雷锋班第六任班长）题记：像雷锋那样学习、工作和生活

张思荣　曾树林题记

张思荣（雷锋班第七任班长）题记：雷锋精神永驻

曾树林（雷锋班第八任班长）题记：雷锋在我们心中，雷锋精神在我们身上

祝星发　傅丽英题记

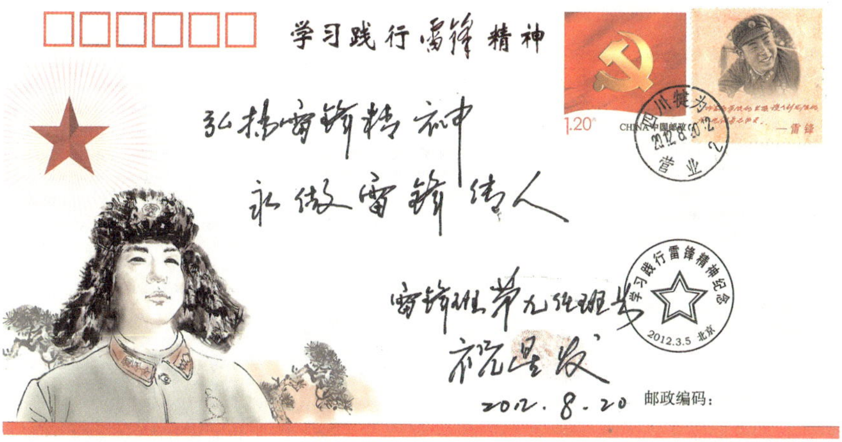

祝星发（雷锋班第九任班长）题记：弘扬雷锋精神，永做雷锋传人

傅丽英（雷锋班第十任班长杨宗波之妻）题记：踏着雷锋的足迹前行

宋若波　马洪刚题记

宋若波（雷锋班第十一任班长）题记：努力践行雷锋精神

马洪刚（雷锋班第十二任班长）题记：学雷锋精神，做雷锋精神传人

王显荣 李仕库题记

王显荣（雷锋班第十三任班长）题记：雷锋精神，永放光芒

李仕库（雷锋班第十五任班长）题记：像雷锋那样去实现人生价值

朱　华　郑金宝题记

朱　华（雷锋班第十六任班长）题记：永远走雷锋之路，永做雷锋传人

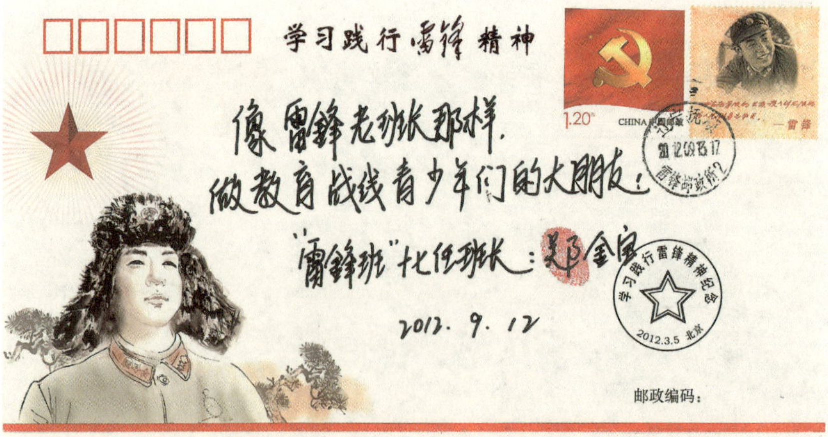

郑金宝（雷锋班第十七任班长）

题记：像雷锋老班长那样，做教育战线青少年们的大朋友

赵宏光　李有宝题记

赵宏光（雷锋班第十八任班长）
题记：雷锋老班长永远是我学习的榜样，前进的航向

李有宝（雷锋班第十九任班长）题记：永远做雷锋精神传人

齐　兵　李桂臣题记

齐　兵（雷锋班第二十任班长）题记：雷锋的传人是我们

李桂臣（雷锋班第二十一任班长）题记：同举雷锋旗帜，永做雷锋传人

吴锡有　薛步瑞题记

吴锡有（雷锋班第二十二任班长）

题记：事业其境界有青春做伴，雷锋精神我们来传承

薛步瑞（雷锋班第二十三任班长）题记：像雷锋那样做人、成才、奉献

黄帮维　毕万昌题记

黄帮维（雷锋班第二十四任班长）

题记：像雷锋那样立志、做人、成才、奉献

毕万昌（雷锋班第二十五任班长）

题记：如雷锋一般：阳光、乐观、向上、向善

张 阳 牟振华题记

张 阳（雷锋班第二十六任班长）题记：学雷锋永远在路上

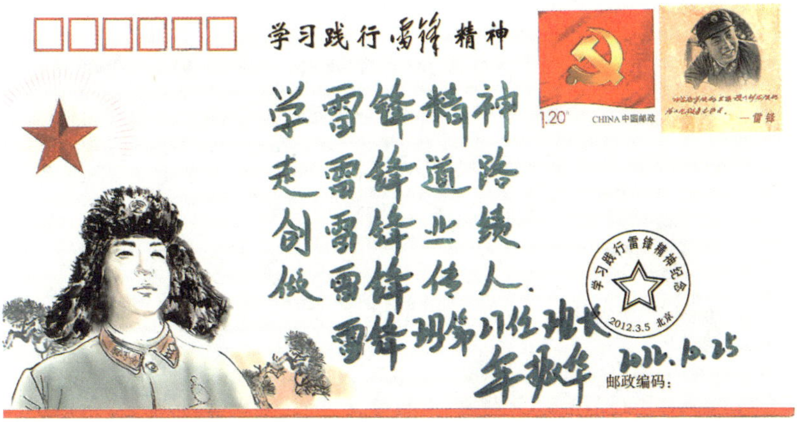

牟振华（雷锋班第二十七任班长）

题记：学雷锋精神，走雷锋道路，创雷锋业绩，做雷锋传人

胡　兴　盛　会题记

胡　兴（时任雷锋连指导员）

题记：学雷锋精神，走雷锋道路，创雷锋业绩，做雷锋传人

盛　会（时任雷锋连连长）

题记：传承雷锋精神，弘扬雷锋精神，誓做雷锋传人

宋清梅　姚德奇题记

宋清梅（“编外雷锋团”团长）题记：永做雷锋精神传人

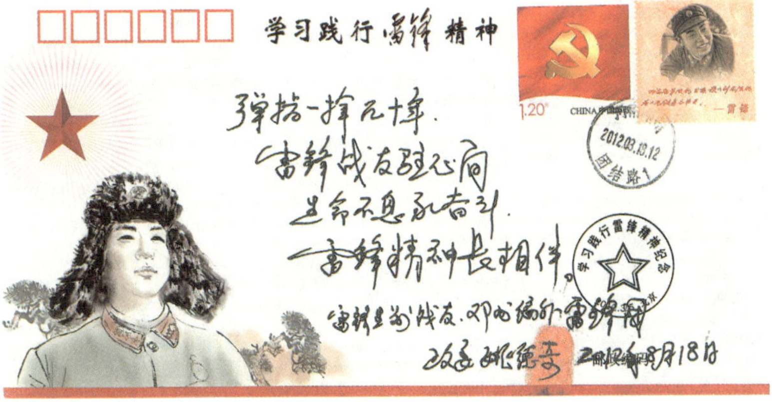

姚德奇（“编外雷锋团”政委）题记：弹指一挥几十年，雷锋战友驻心间，生命不息永奋斗，雷锋精神长相伴

冯 健 薛三元题记

冯 健（雷锋生前好友）题记：做雷锋精神传人，与雷锋精神同行

薛三元（雷锋生前班长、排长）题记：弘扬雷锋精神，传承中华美德

严文雷　张三明题记

严文雷（“编外雷锋团”副团长）题记：永走雷锋路

张三明（雷锋生前战友）题记：怀念雷锋

郭明义　孙茂芳题记

郭明义（当代雷锋）题记：永远的雷锋

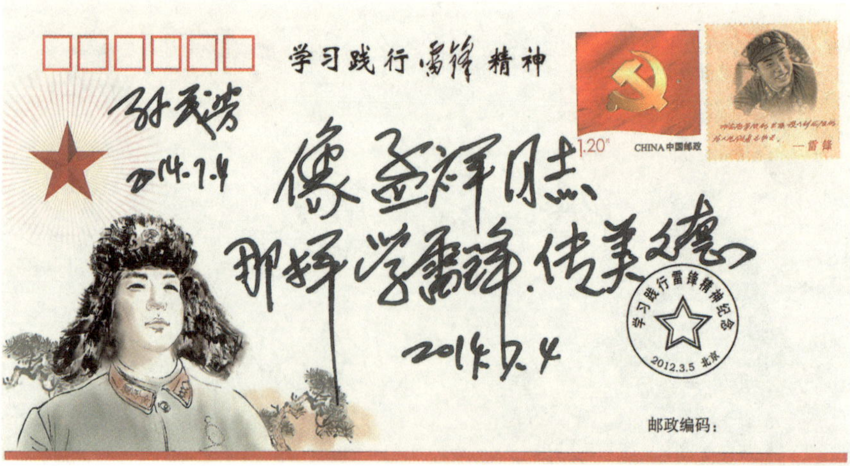

孙茂芳（全国道德模范）题记：像孟祥同志那样学雷锋，传美德

申纪兰　余旭阳题记

申纪兰（历届全国人大代表）题记：学习雷锋

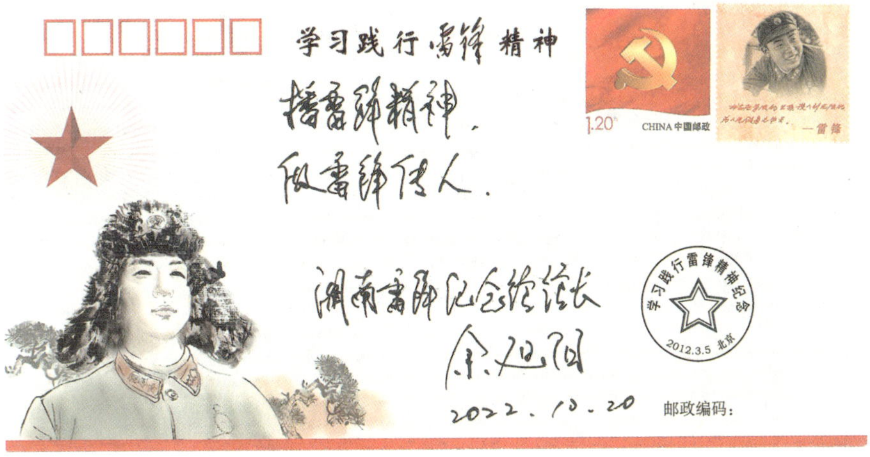

余旭阳（湖南雷锋纪念馆馆长）题记：播雷锋精神，做雷锋传人

孙桂琴　陈雅娟题记

孙桂琴（雷锋辅导过的学生）题记：雷锋精神永存
（邮票下方有雷锋肖像摄影者张峻的亲笔签名）

陈雅娟（雷锋辅导过的学生）
题记：像雷锋那样做事做人是我一生乐此不疲的追求

刘　静　季　增题记

刘　静（雷锋辅导过的学生）题记：雷锋精神永存

季　增（雷锋摄影者）题记：雷锋永远活在我的心里

张　平　刘淑银题记

张　平（抚顺雷锋小学校长）题记：同走雷锋之路，共做雷锋传人

刘淑银（北京雷锋小学校长）题记：读写雷锋日记，传承雷锋精神

李　静　刘毅刚题记

李　静（抚顺市雷锋中学校长）题记：与雷锋为友

刘毅刚（望城雷锋母校校长）题记：学雷锋，做传人，与胡孟祥同志共勉

陈　茁　陈利儒题记

陈　茁（抚顺市雷锋纪念馆馆长）题记：雷锋在我身边，我做雷锋传人

陈利儒（辽阳雷锋纪念馆馆长）题记：做雷锋精神传播者

杨政海　马水泉题记

杨政海（湖南雷锋纪念馆馆长）
题记：雷锋是一座灯塔，照亮我们前进的方向

马水泉（杭州流动雷锋纪念馆馆长）
题记：雷锋不但属于中国，雷锋属于全世界

石　祥　李峰威题记

石　祥（《十五的月亮》词作者 大校军衔）题记：雷锋之路

李峰威（《雷锋班班歌》词曲作者、雷锋班副班长）题记：雷锋的传人是我们

张维祥　乔婷婷题记

张维祥（沈阳军区雷锋纪念馆馆长）题记：发扬雷锋精神，攀登艺术巅峰

乔婷婷（沈阳军区雷锋纪念馆讲解员）题记：学习郭明义，争当当代雷传

雷孟宣　雷正球题记

雷孟宣（望城雷锋本家）题记：光大雷锋精神

雷正球（望城雷锋堂弟）题记：永远把雷锋精神学下去

吕学广　刘晓妍题记

吕学广（张岭姑嫂村雷锋义弟）题记：雷锋是我哥，走哥哥没走完的路

刘晓妍（辽阳雷锋纪念馆讲解员）题记：雷锋精神永存

宋志永　王金龙题记

宋志永（全国助人为乐模范、“唐山农民十三兄弟”代表）
题记：传承雷锋精神，全心全意为人民服务

王金龙（“唐山农民十三兄弟”之一）题记：向雷锋同志学习

尹　福　杨国明题记

尹　福（“唐山农民十三兄弟”之一）题记：实在为人民服务

杨国明（“唐山农民十三兄弟”之一）题记：我爱中国

王加祥　李克孝题记

王加祥（“唐山农民十三兄弟”之一）题记：为人民服务

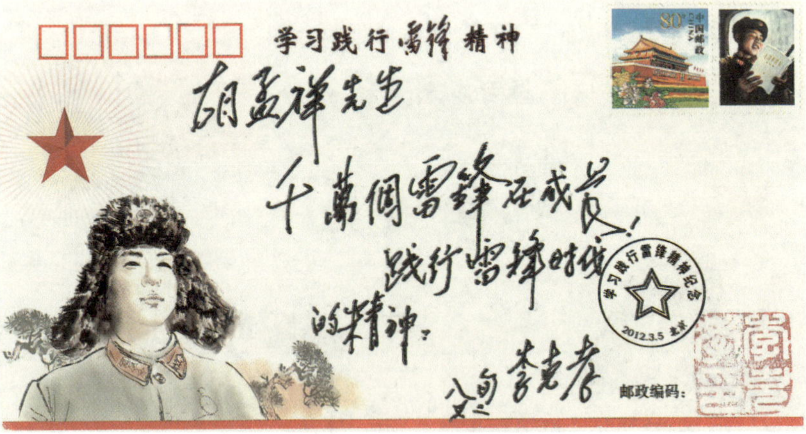

李克孝（雷锋纪念品收藏家）

题记：千万个雷锋在成长，践行雷锋时代的精神

徐铭晨　杨　朋题记

徐铭晨（时任雷锋班副班长）题记：雷锋精神，我们传承

杨　朋（雷锋班战士）题记：学习雷锋精神，永做雷锋传人

曲宗明　刘淳翔题记

曲宗明（雷锋班战士）题记：雷锋精神代代相传

刘淳翔（雷锋班战士）

题记：知雷锋，学雷锋，弘扬雷锋精神，争做雷锋传人

李向宇　管谟欣题记

李向宇（雷锋班战士）题记：坚持不懈学雷锋，矢志不渝做传人

管谟欣（作家莫言二哥）题记：向雷锋学习

唐鄂桥　谭荒芳题记

唐鄂桥（时任雷锋街道党工委书记）题记：学习雷锋同志，弘扬雷锋精神

谭荒芳（身残志坚学雷锋典型）题记：传承雷锋精神，弘扬伟大品格

王啟金　左宗慧题记

王啟金（枣庄雷锋研究会副会长）题记：弘扬雷锋精神，争做雷锋传人

左宗慧（65649部队干部）题记：雷锋是我们好榜样

高合理　刘殿富题记

高合理（雷锋生前战友）题记：学习雷锋

刘殿富（曾任雷锋所在团四营副营长）题记：让雷锋精神传遍神州

闫　蕊　聂保新题记

闫　蕊（“编外雷锋团”展览馆馆长）

题记：与时俱进学雷锋，积极倡导新文明

聂保新（“编外雷锋团”战士）题记：学雷锋

董兴喜　李炳武题记

董兴喜（雷锋纪念品收藏家）题记：收藏雷锋文物，传承雷锋文化

李炳武（“编外雷锋团”战士）题记：学习雷锋

王金祥　仇学平题记

王金祥（沈阳军区政治部副主任　少将军衔）题记：如果你是一滴水，你是否滋润了一寸土地？如果你是一线阳光，你是否照亮了一分黑暗

仇学平（雷锋杂志社新闻传播部主任　大校军衔）
题记：用雷锋精神引领未来

田永清　陶　克题记

田永清（总参兵种部原政委　少将军衔）

题记：人生要成功，一定学雷锋

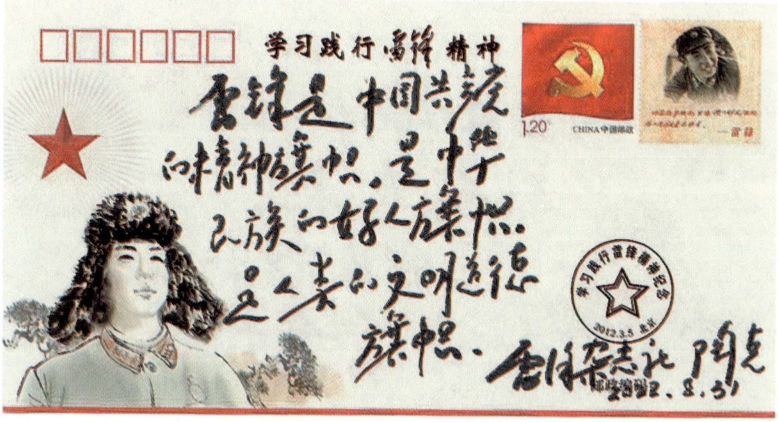

陶　克（雷锋杂志总编辑　少将军衔）题记：雷锋是中国共产党的精神旗帜，是中华民族的好人旗帜，是人类的文明道德旗帜

附录

一、雷锋艺术摆件

毛主席题词：向雷锋同志学习

雷锋肖像　张　峻摄

二、雷锋生平年表

1940 年 12 月 18 日

出生在湖南省望城县安庆乡（现雷锋乡）简家塘一户贫苦农民家里。这一年系农历“庚辰”年，父母给他取乳名“庚伢子”。

1947 年

父母、兄弟相继去世，年仅 7 岁的雷锋成了孤儿。

1949 年 4—5 月

在荣湾镇一带，为地下党组织送传单，贴标语。

1949 年 8 月

雷锋家乡解放。雷锋担任儿童团大队长。

1950 年初

土地改革中，雷锋分得 3.6 亩耕地。

1950 年夏

到刘家祠堂小学读书。

1954 年

考入清水塘完全小学，加入少先队，被选为中队委员。

1955 年

转入荷叶坝小学。这年春天，在农业合作化高潮中，雷锋把土改中分得的 3.6 亩耕地全部入了社。

1956 年 7 月 15 日

从荷叶坝小学毕业。

1956 年 7—9 月

在生产队担任秋征助理员，搞征收公粮工作。

1956 年 9 月

在望城县安庆乡当通信员。

1956 年 11 月 17 日

到望城县委机关当公务员。

1957 年 2 月 8 日

加入中国新民主主义青年团，被评为望城县委机关工作模范。

1957 年夏

担任望城县治沩工程指挥部通讯员。治沩工程结束，被评为治沩模范。

1958 年春

响应共青团望城县委提出的捐献一台拖拉机的号召，雷锋捐款 20 元，成为全县青少年中捐款最多的个人。团县委决定派雷锋学开拖拉机。

1958 年 3 月 16 日

在《望城报》发表第一篇文章《我学会开拖拉机了》。

1958 年 8 月 1 日

创作并发表第一首诗歌《南来的燕子啊》。

1958 年秋

到韶山瞻仰毛主席旧居。

1958 年 10 月

由原名雷正兴改为雷锋。

1958 年 11 月

远赴辽宁鞍山，途经武汉、北京，在武汉长江大桥、北京天安门广场留影，其中有一张是在天安门广场骑摩托车的照片。

1958 年 11 月 15 日

赴辽宁鞍山钢铁厂工作，被分配在鞍钢化工总厂洗煤车间当推土机手。不久，出席鞍山市青年社会主义建设积极分子代表大会。在鞍钢一年零两个月时间里，3 次被评为先进工作者，5 次被评为红旗手，18 次被评为标兵，荣获“青年社会主义建设积极分子”称号。

1959 年 8 月 20 日

报名到鞍钢弓长岭矿山参加新建焦化厂工作。

1959 年 12 月 9 日

弓长岭《矿报》发表雷锋《我决心应召》的申请书，表达积极要求参军的坚定决心。

1960 年 1 月 8 日

入伍第一天，作为新兵代表在工兵第十团欢迎新战友大会上发言。

1960 年 3 月

新兵连训练结束，被分配到运输连当驾驶员。下连不久，被抽调参加团里战士业余演出队。

1960 年 4 月

成为新兵中一名合格的汽车驾驶员，第一个下到战斗班。

1960 年 8 月

参加上寺水库抢险救灾，带病连续奋战，因表现突出，工兵第十团党委为雷锋记三等功 1 次。

1960 年 8 月

将平时节省下来的 200 元钱分别捐给辽阳水灾区和抚顺望花区。团党委树立雷锋为“节约标兵”。

1960 年秋

外出执行任务，回到弓长岭焦化厂看望建成并投产的工厂。

1960 年 11 月 8 日

运输连支部党员大会通过雷锋入党申请。

1960 年 11 月 9 日

工兵第十团党委在沈阳军区招待所临时召开党委扩大会议，批准雷锋为中国共产党党员。

1960 年 11 月 23 日

沈阳军区工程兵党委做出授予雷锋“模范共青团员”荣誉称号决定。

1960 年 11 月 26 日

沈阳军区《前进报》用两个整版篇幅，套红宣传雷锋事迹，并配发《不忘过去，发愤图强》的社论，拉开学雷锋活动的序幕。

1960 年 11 月 27 日

荣立二等功 1 次。此后，又荣立三等功 1 次，受团、营部嘉奖多次。

1960 年 11 月

出席沈阳军区工程兵政治工作会议，并在会上发言。

1960 年 12 月 1 日

雷锋日记在《前进报》首次发表。

1960 年 12 月

在《前进报》发表署名文章《解放后我有了家，我的母亲就是党》。

1961 年 2 月 3 日

应邀到海城驻军做报告，与董存瑞生前战友、全国战斗英雄郅顺义亲切交谈。

1961 年 4 月

出席沈阳军区工程兵第六届共产主义青年团代表会议，并在大会上发言。

1961 年 5 月

作为工兵第十团唯一候选人，当选为辽宁省抚顺市第四届人民代表大会代表。

1961 年 5 月 14 日

被提升为运输连四班副班长。

1961 年 7 月 27 日

接到抚顺市人民委员会通知书。7 月 31 日至 8 月 3 日出席抚顺市第四届人民代表大会第一次会议。

1961 年 8 月

被提升为运输连四班班长。

1961 年 9 月

雷锋在入党转正申请书上写下：河南省一个民办小学来信，因遭遇自然灾害，暂时遇到困难，希望雷锋给予经济帮助。雷锋将节省的 100 元津贴费寄给了干沟民办小学。

1961 年 9 月

雷锋将从工厂到部队积蓄的 100 元钱，以整存整取定期半年的方式存入工商银行抚顺市望花区七百储蓄所，存折号码是“6751”。1990 年 2 月 13 日，这笔存款成为抚顺“学雷锋基金”第一笔基金。

1961 年 11 月 17 日

解放军报社致函雷锋，聘请雷锋为“本报通讯员”。

1962 年 1 月 27 日

被批准晋升为中士军衔。

1962 年春节

雷锋在《前进报》发表《1962 年春节写给青年同志们的一封信》。在此前后，雷锋又在《前进报》发表了《在毛主席的哺育下成长》《我是怎样从一个苦孩子成长为毛主席的好战士》《做毛主席的好战士》等署名文章。

1962 年 2 月 14 日

被选为党代会代表，出席中国共产党工兵第十团代表大会。

1962 年 2 月 19 日

作为特邀代表，出席沈阳军区首届共产主义青年团代表会议，并被选为主席团成员，在大会上发言。

1962 年 5 月

被共青团抚顺市委评为抚顺市优秀校外辅导员。

1962 年 6 月

毛主席翻阅 1962 年 6 月号《解放军画报》，此期画报上报道了雷锋事迹，新华社记者抓拍下了这一弥足珍贵的照片。

1962 年 8 月 1 日

出席抚顺市望花区军烈属、复员退伍军人代表大会，并在会上发言。

1962 年 8 月 10 日

写下人生最后一篇日记。日记中写道："毛主席教导我们说：'虚心使人进步，骄傲使人落后。'这是千真万确的真理。""今后，我要更加热爱人民和尊敬人民，永远做群众的小学生，做人民的勤务员。"

1962 年 8 月 15 日

上午 10 时，在指挥倒车时，被刮倒的一根晒衣服的木杆打在头部负重伤。经抚顺市望花区西部医院抢救无效，于 12 时 5 分不幸牺牲。年仅 22 岁。

后 记

有的人活着

他已经死了；

有的人死了

他还活着。

以上是臧克家先生的名诗名言。雷锋就是一位活着的人。

在我的心目中，雷锋是一位很了不起的哲人，他把有限与无限、平凡与伟大集于一身，在年仅22岁的短暂生命里却造就了人生的永恒！雷锋是人生的楷模，民族的精英，时代的大名！所以说，向雷锋致敬，就是致敬伟大的时代，就是致敬民族的英雄。

雷锋是诗，雷锋是歌，雷锋是神州大地上刮起的阵阵雄风！雄风里有你，有他，也有我，有我们14亿姐妹弟兄。多么幸运啊，有伟大的时代做后盾，我们每一个中国人通过奋斗都能打造一个出彩的人生！不要问我年龄有多大，在我的阅历里始终与雷锋同龄。青春同龄啊岁月晶莹，精神不灭啊文化长青。雷锋的日记里有我们的歌谣，雷锋的形象里有我们的身影。在雷锋的队伍里，我们同声歌唱；在雷锋的大道上，我们一起前行！雷锋啊雷锋，唱着你的歌我们意气风发；雷锋啊雷锋，走着你的路我们一片光明！雷锋啊雷锋，你是时代最强音，穿越了时空，在历史的长河中轰鸣，轰鸣，轰鸣！靠近你啊就是靠近荣光，靠近你啊就是靠近永恒！“向雷锋同志学习”，是毛主席的亲笔题词；“雷锋精神永远值得弘扬”，是习主席发出的号令。学习雷锋好榜样，我们当仁不让；做雷锋精神的传承者、志愿者，我们无上光荣。人生路漫漫啊，向着雷锋，向着雷锋，向着雷锋！正是：

雷锋伴我六十秋，
岁月悠悠歌满喉。
我向雷锋来致敬，
爱洒江河万古流。
逢旱总下及时雨，
遇难总有人搭救。
做个学校辅导员，
关心咱的小朋友。
雷锋是个好榜样，
人生就往正路走。
大路朝天人关爱，
你有他有我也有。
社会引领新风尚，
奋进更上一层楼。

胡孟祥撰写于鸢都春草堂

2023 年 1 月 19 日晨